《湖南省实施〈中华人民共和国动物防疫法〉办法》

解读

《湖南省实施

<中华人民共和国动物防疫法>办法》

解读编写组　编

中南大學出版社

www.csupress.com.cn

·长 沙·

编写组

按姓氏笔画排列

王　琦　王昌建　邓欣欣　刘　帅　刘思华

米雅灵　杨海祥　李　敏　李书瑶　李智勇

李新华　汪洪冰　张　强　张金波　张敏纯

张朝阳　陈　冲　陈　军　陈　骞　陈　熠

陈一峰　武深树　范仲鑫　林　源　林家全

郑文成　贺世奇　袁海军　聂建刚　徐　丹

郭永祥　黄建龙　彭　璇　曾弘琳　谢志辉

谭运华　颜克旭

前言

FOREWORD

《中华人民共和国动物防疫法》于 2021 年全面修订实施，进一步强化了动物防疫体系，提升防控能力。

湖南省自 2015 年颁布实施《湖南省实施〈中华人民共和国动物防疫法〉办法》(以下简称《实施办法》) 以来，在保障养殖业安全、畜产品质量安全及公共卫生安全方面发挥了关键作用。但面对上位法修订以及湖南省动物防疫形势的新变化，原《实施办法》难以满足当前动物防疫工作需求。因此，湖南省人大常委会根据《中华人民共和国动物防疫法》，结合本省实际，对《实施办法》进行了修订，并于 2023 年 12 月 1 日起正式实施。

本书深入解析修订后的《实施办法》的精神实质和具体条文，旨在为读者提供一本权威、全面的指南。全书由三部分构成：第一部分为《湖南省实施〈中华人民共和国动物防疫法〉办法》全文。第二部分为《湖南省实施〈中华人民共和国动物防疫法〉办法》解读，逐条解读条文内涵与应用要点。第三部分为附录。收录相关法律法规、规章及政策文件。

本书的编写得到了湖南省人大常委会农业与农村委员会、司法厅、农业农村厅以及长沙理工大学法学院等单位的支持与协助，并广泛吸纳了社会各界的宝贵意见，既具有理论深度，又富含实践指导价值，是政府部门、防疫机构、养殖业从业者及相关从业人员全面准确掌握湖南省动物防疫法律法规规定和相关政策措施的工具书。

动物防疫工作关乎公共卫生安全与畜牧业健康发展，需要政府、企业、社会及每一位公民的共同努力。希望通过本书的出版，进一步提升全社会对动物防疫工作的重视，促进防疫措施的有效落实，共同筑牢动物防疫的坚固防线。

衷心感谢所有参与本书编写、审校的专家与同仁，以及为本书出版付出辛勤劳动的编辑人员。同时，我们也期待并欢迎广大读者提出宝贵意见，共同推动动物防疫事业的发展。

本书编写组

2024 年 5 月

目 录

CONTENTS

第一部分 《湖南省实施〈中华人民共和国动物防疫法〉办法》全文

第二部分 《湖南省实施〈中华人民共和国动物防疫法〉办法》解读

第三部分 附录

第一部分

《湖南省实施〈中华人民共和国动物防疫法〉办法》全文

湖南省第十四届人民代表大会常务委员会公告

第6号

《湖南省实施〈中华人民共和国动物防疫法〉办法》于2023年9月22日经湖南省第十四届人民代表大会常务委员会第五次会议修订通过，现予公布，自2023年12月1日起施行。

湖南省人民代表大会常务委员会

2023年9月22日

湖南省实施《中华人民共和国动物防疫法》办法

第一条 县级以上人民政府应当加强对动物防疫工作的统一领导，采取有效措施稳定基层机构队伍，加强动物防疫队伍建设，建立健全动物防疫体系，制定并组织实施本行政区域动物疫病防治规划，完善动物防疫协调配合机制、动物疫情应急预案，实行动物防疫管理目标责任制。

乡镇人民政府、街道办事处应当明确承担动物防疫职责的机构，配备与动物防疫工作相适应的动物防疫人员，做好本辖区的动物防疫宣传、疫情排查、畜禽强制免疫的组织实施、疫情报告与应急处置、病死动物无害化处理等工作，受委托开展动物和动物产品的检疫工作。

村民委员会、居民委员会应当协助乡镇人民政府、街道办事处开展动物防疫工作，引导和督促村民、居民履行强制免疫、清洗消毒等动物防疫义务。

第二条 县级以上人民政府农业农村主管部门主管本行政区域内的动物防疫工作。设有畜牧水产事务机构的，由其承担动物疫病（包括人畜共患传染病）防控、动物和动物产品检疫相关事务性工作。

县级以上人民政府卫生健康、林业、市场监管等有关部门在各自职责范围内做好动物防疫工作。

第三条 县级以上人民政府农业农村主管部门应当建立健全动

物防疫信息管理系统和溯源体系。

从事动物饲养、屠宰、经营、运输、隔离、诊疗、检验检测、无害化处理等活动的单位和个人，应当按照国家和省规定将动物防疫相关信息填报动物防疫信息管理系统。

第四条 县级以上人民政府农业农村主管部门应当建立健全动物疫病强制免疫评估机制。动物疫病预防控制机构应当对免疫的密度和质量进行评估，提出免疫效果评估报告。

免疫的密度和质量未达到规定要求的，县级人民政府及其农业农村主管部门和乡镇人民政府、街道办事处应当按照职责督促饲养动物的单位和个人履行强制免疫义务。

经过强制免疫的动物方可上市交易。

第五条 县级以上人民政府农业农村主管部门应当按照合理布局、方便接种的原则设置狂犬病免疫点。

狂犬病免疫点应当在醒目位置悬挂免疫点标牌，独立设置免疫室或免疫区；对犬只实施免疫接种，应当建立免疫档案，记录相关信息，出具免疫证明。

犬只饲养者应当履行狂犬病疫苗的免疫接种义务，取得狂犬病免疫证明，加施免疫标识。

鼓励对饲养的猫实施狂犬病免疫。

推进对饲养的其他宠物实施免疫接种。

第六条 动物饲养场、动物隔离场所、动物屠宰加工场所以及动物和动物产品无害化处理场所选址应当符合国家规定的动物防疫条件。县级以上人民政府自然资源主管部门和乡镇人民政府、街道办事处在对上述场所建设项目依法进行建设项目用地规划许可或者设施农业用地备案时，应当征求农业农村主管部门的意见。

前款规定的场所应当向所在地县级人民政府农业农村主管部门

报告动物防疫制度年度执行情况和防疫条件变化情况，并接受其监督检查。

第七条 经营动物和动物产品的集贸市场按照国家规定实施休市、消毒制度。市场开办者和经营者应当根据制度要求休市、清洗和消毒，并在休市之日前三日向社会公告。

承运人应当对运输动物的车辆及装载用具进行清洗和消毒；未经清洗和消毒的运输车辆不得驶离经营动物和动物产品的集贸市场。

动物屠宰加工场所应当每日清空活体动物及其排泄物，并对场地清洗、消毒。

县级以上人民政府应当根据本地动物防疫、城市管理等情况，决定在城市特定区域禁止家畜家禽活体交易；可以根据动物疫病风险评估结果，在动物疫病高发期等特定时期，禁止家畜家禽活体交易。

第八条 动物饲养场应当按照动物疫病净化计划和净化方案进行动物疫病净化。

第九条 对发生可疑和疑似重大动物疫情的相关场点，所在地县级以上人民政府农业农村、林业等主管部门和乡镇人民政府应当按照国家有关规定立即组织采取隔离观察、采样检测、流行病学调查、限制易感动物及相关物品进出、环境消毒等措施，并及时上报。必要时，县级以上人民政府可以对发生疑似重大动物疫情的相关场点作出封锁决定，采取扑杀、销毁等措施，并合理给予补偿。

第十条 县级以上人民政府应当完善防治重大动物疫病指挥机制，发生重大动物疫情和人畜共患传染病疫情时，及时启动应急预案，统一领导、指挥应急处置工作。

县级以上人民政府及其有关部门应当根据重大动物疫情应急预案或者专项方案，采取措施控制和扑灭动物疫情，并做好社会治安维护、人的疫病防治、肉食品供应以及动物、动物产品市场监管等工作。

发现动物携带人类传染病病原体的，县级以上人民政府农业农村主管部门应当制定相应动物处置方案，报本级人民政府批准实施；必要时，省人民政府可以决定采取暂停调运相关易感染动物等应急控制措施。

第十一条 县级人民政府根据本行政区域的养殖情况和农业农村主管部门提出的动物检疫申报点建设方案，有计划地进行动物检疫申报点建设。

动物卫生监督机构具体负责动物检疫申报点的运行与管理，向社会公布动物检疫申报点、检疫范围、检疫对象、检疫申报程序、申报途径和联系方式等事项；根据动物检疫工作需要，可以向乡镇或者特定区域的动物检疫点派驻专业人员。

第十二条 畜禽养殖场(户)委托收购贩运单位或者个人代为申报检疫的，应当出具委托书；接受委托的收购贩运单位或者个人，应当以畜禽养殖场(户)的名义申报检疫。

已取得产地检疫证明的动物，从专门经营动物的集贸市场、物流集散地等继续出售或者运输的，或者动物展示、演出、比赛后需要继续运输的，货主应当在出售或者运输前按照国家有关规定向所在地承担动物检疫职责的机构申报检疫。

第十三条 从事动物运输的单位和个人应当将检疫证明编号、动物种类、数量、联系人、联系方式、运输时间、启运地点、到达地点、行程路线、车辆清洗消毒以及运输过程中死亡、染疫或者疑似染疫动物处置情况等填报动物防疫信息管理系统，并妥善保存相关证明材料。跨省运输动物的车辆应当配备符合规定的卫星定位系统车载终端，行驶轨迹等相关信息记录保存期限不得少于二个月。

货主或者承运人应当按照动物检疫证明载明的目的地运输动物，中途不得转运、销售、更换和擅自弃置、处理动物。

禁止将动物屠宰加工场所内的动物以活体形式外运出场。

第十四条 省人民政府应当根据本行政区域畜禽养殖、疫病发生和畜禽死亡情况，按照合理布局的原则，制定本省动物和动物产品集中无害化处理场所建设规划。

县级人民政府应当按照动物和动物产品集中无害化处理场所建设规划，组织建设集中无害化处理场，配置无害化处理设施，在养殖密集的乡镇设置病死动物、病害动物产品收储点，并向社会公布设施运营服务区域。

鼓励社会力量参与动物和动物产品集中无害化处理场以及收集储存转运体系建设。

第十五条 动物和动物产品集中无害化处理场应当将无害化处理的动物和动物产品的来源、数量、重量、运输车辆及其行驶轨迹、交接人员、交接时间、无害化处理方式以及无害化处理产物流向等信息填报动物防疫信息管理系统。

鼓励采用科学方式对病死动物、病害动物产品进行无害化处理和资源化利用。无害化处理费用按照国家和本省相关规定予以补助。

禁止将无害化处理产物作为食品销售或者用于食品生产。禁止虚报、谎报病死动物、病害动物产品的无害化处理数量，骗取补助。

第十六条 鼓励单位和个人举报非法处置动物尸体的违法行为。县级以上人民政府相关部门和乡镇人民政府、街道办事处应当公布举报方式。相关部门和单位收到举报，应当及时查处。对举报属实的，应当予以奖励。

第十七条 新建、改建或者扩建从事动物病原微生物实验活动的一级、二级兽医实验室，应当向所在地设区的市、自治州人民政府农业农村主管部门备案。兽医实验室及其设立单位应当履行实验室生物安全管理主体责任，配备与生物安全等级相适应的设施、设备，加强菌(毒)种和动物病原微生物样本的采集、运输、接收、使用、储存、保管、销毁的全链条安全管理和对外交流管理。

一级、二级兽医实验室从事动物病原微生物实验活动的，应当符合国家规定，并定期向样本采集地县级人民政府农业农村主管部门报告检测情况。

第十八条　跨省通过道路向本省或者经过本省运输动物的，应当经省人民政府设立的指定通道进入，并接受查验。

县级人民政府农业农村主管部门应当安排执法人员在所在地指定通道检查站执行动物防疫监督检查任务。对运输的动物查验合格的，应当在《动物检疫合格证明》上加盖指定通道检查专用章。任何单位和个人不得接收《动物检疫合格证明》未加盖指定通道检查专用章进入本省的动物。

指定通道检查站所在地县级以上人民政府根据动物疫病预防、控制需要，可以组织公安、交通运输、农业农村等部门开展协同执法。

第十九条　从本省行政区域外引进用于饲养、销售的非种用、非乳用动物，货主或者承运人应当在动物到达输入地前一日向输入地动物卫生监督机构报告；在到达输入地后接受动物卫生监督机构的监督检查，出示动物检疫证明。

从本省行政区域外引进用于饲养、销售的非种用、非乳用牛羊应当从布鲁氏菌病低风险区域(非免疫区)或者无疫区、无疫小区、净化场调入。

第二十条　县级以上人民政府应当完善冷链、检测、监测、交通运输、清洗消毒、检疫、无害化处理、指定通道、监督等方面的动物防疫基础设施，建立健全动物疫病防控物资储备制度，做好动物防疫物资的应急储备和保障供给工作。

第二十一条　违反本办法规定，有下列行为之一的，由县级以上人民政府农业农村主管部门按照下列规定予以处理：

（一）经营动物、动物产品的集贸市场未按照本办法要求休市、清洗和消毒的，责令改正；拒不改正的，处三千元以上一万元以下罚款；情节严重的，处一万元以上三万元以下罚款。

（二）接收未经指定通道查验并加盖专用章进入本省的动物的，对接收单位或者个人予以警告，并处三千元以上三万元以下罚款。

（三）从本省行政区域外引进用于饲养、销售的非种用、非乳用动物，未向输入地动物卫生监督机构报告的，对个人处五百元罚款，对单位处五千元以上一万元以下罚款。

第二十二条　违反本办法规定，将无害化处理产物作为食品销售或者用于食品生产，尚不构成犯罪的，由市场监督管理部门没收违法所得、违法生产经营的食品，并可以没收用于违法生产经营的工具、设备、原料等物品；违法生产经营的食品货值金额不足一万元的，并处十万元以上十五万元以下罚款；货值金额一万元以上的，并处货值金额十五倍以上三十倍以下罚款；情节严重的，吊销许可证，并由公安机关对其直接负责的主管人员和其他直接责任人员处五日以上十五日以下拘留。

第二十三条　各级人民政府、有关部门及其工作人员未依照本办法规定履行职责的，由有权机关责令改正，通报批评，对直接负责的主管人员和其他直接责任人员依法给予处分。

第二十四条　本办法自 2023 年 12 月 1 日起施行。

第二部分

《湖南省实施〈中华人民共和国动物防疫法〉办法》解读

绪 论

2023年9月22日，湖南省第十四届人民代表大会常务委员会第五次会议修订通过了《湖南省实施〈中华人民共和国动物防疫法〉办法》（以下简称《实施办法》），已于2023年12月1日正式实施。这次修订是贯彻落实习近平总书记关于做好动物防疫、人兽共患病防控工作的重要指示批示精神和2021年新修订的《中华人民共和国动物防疫法》（以下简称《动物防疫法》），结合本省实际情况作出的调整，该《实施办法》为湖南省进一步做好动物疫病防疫工作、保障畜牧业高质量发展提供了坚实保障。

一、修订《实施办法》的背景

2002年1月24日湖南省第九届人大常委会第二十七次会议审议通过了《湖南省实施〈中华人民共和国动物防疫法〉办法》，并于2002年3月1日正式实施。2015年5月22日湖南省第十二届人大常委会第十六次会议进行了修订。《实施办法》自修订实施以来，对于加强动物防疫工作，预防、控制和扑灭动物疫病，促进畜牧业发展，保护人民群众身体健康，维护公共卫生安全和社会稳定，发挥了重要的作用。

但是，湖南省动物防疫形势仍然比较严峻，主要是动物疫病病种多、病原复杂、人畜共患病风险存在，而且随着动物和动物产品在全球、全国的大流通，境外、省外动物疫病传入风险增大。同时，从法律制度看，湖南省动物防疫还存在一定的制度缺失。比如，发生可疑和疑似重大动物疫情，最经济、最有效的防控措施是早隔离、早检测，必要时立即封锁、立即扑杀，但是现行《实施办法》缺乏对可疑、疑似重大动物疫情“早、快、严、小”的控制、处置制度设计。再比如，活畜禽调运和交易是动物疫病传播的最大风险，而现行《实施办法》缺乏对动物调入、活畜禽交易的疫病防控管制措施。这些问题迫切需要通过修改现行《实施办法》予以解决。

2021 年 1 月 22 日全国人大常委会第十三届全国人民代表大会常务委员会第二十五次会议对《动物防疫法》进行修订，动物防疫方针由原来的“预防为主”调整为“预防为主，预防与控制、净化、消灭相结合”，对大部分条款内容做了调整修改，并增加了 2 章 28 条。为贯彻落实《动物防疫法》，湖南省人大常委会在《动物防疫法》修订公布后，立即启动《实施办法》修订工作，并于 2023 年 9 月 22 日经湖南省第十四届人民代表大会常务委员会第五次会议修订通过，自 2023 年 12 月 1 日起施行。本次湖南省人大常委会修订通过的《实施办法》，是贯彻落实《动物防疫法》和省委决策部署，积极回应社会关切，健全湖南省动物防疫法律体系，强化公共卫生法治保障体系的一项重要立法成果，也代表着湖南省动物防疫工作走进了新的阶段，为全省动物卫生安全发挥了更好的“后盾”作用。

二、起草《实施办法》的过程

湖南省农业农村主管部门高度重视《实施办法》的起草工作。2021 年上位法修订后，湖南省人大农业与农村委员会多次组织开展《动物防疫法》和《实施办法》贯彻实施情况调研，提出《实施办法》修改思路。2022 年《实施办法》(修改)列入湖南省人大常委会、湖南省人民政府立法调研项目，并于 2023 年列入立法出台项目。两年多来，湖南省农业农村厅成立《实施办法》(修改)立法工作领导小组，认真组织开展立法调研，广泛听取各级动物防疫机构、畜禽生产经营主体、动物防疫专家、部分国家和湖南省人大代表意见，学习借鉴外省经验；数次书面征求相关湖南省直部门和市州农业农村主管部门意见，组织召开立法质量评估会、厅党组会进行专题研究。

湖南省司法厅按照科学立法、民主立法、依法立法的要求，提前介入《实施办法》(修改)审查和修改工作：一是深入开展调研。先后赴长沙市、岳阳市、常德市以及山东省等地开展立法调研，听取各界意见。二是广泛征求意见。2022 年 12 月 15 日至 2023 年 1 月 15 日，在湖南省政府门户网站、湖南司法行政网公开征求意见，并书面征求相关省直部门、14 个市州人民政府、8 个基层立法联系点意见。三是召开专家论证会。邀请法律、农业等方面专家对重点问题进行论证。四是召开部门协调会。邀请湖南省委编办、财政厅、自然资源厅、水利厅、市场监管局等单位共同讨论，达成共识。根据各方面意见，经过反复修改，形成《实施办法(修订草案)》。2023 年 5 月 22 日湖南省人民政府第十一次常务会议审议并原则通过了《实施办法(修订草案)》，并向湖南省人大常委会报送议案。

2023 年 7 月 11 日湖南省人大农业与农村委员会召开第二次全体会议，对《实施办法(修订草案)》进行了审议，并提请湖南省人大常委会第四次会议审议。2023 年 7 月 26 日湖南省人大常委会第四次会议对《实施办法(修订草案)》进行了审议，湖南省人大法工委会同湖南省人大农业农村委、湖南省农业农村厅对各方意见进行了认真研究和多次修改。2023 年 9 月 7 日湖南省人大法制委召开第八次全体会议对《实施办法(修订草案)》进行了再次审议。2023 年 9 月 13 日湖南省人大常委会主任会议讨论。2023 年 9 月 22 日《实施办法(修订草案)》经湖南省第十四届人民代表大会常务委员会第五次会议审议通过。

三、《实施办法》的主要内容和亮点

《实施办法》共设二十四条，包括政府职责和村委会职责、部门职责、信息管理和溯源体系、强制免疫评估、狂犬病免疫管理、防疫条件、休市消毒、动物疫病净化、可疑和疑似重大动物疫情处置、重大动物疫情及人畜共患传染病疫情处置、检疫申报点、动物和动物产品检疫、运输管理、无害化处理规划与建设、集中无害化处理场管理、举报奖励、实验检测活动监管、指定通道、落地监管、物资保障等内容。修订的主要内容有以下三个方面。

一是完善动物防疫体系。在《动物防疫法》已经明确农业农村主管部门、动物卫生监督机构、动物疫病预防控制机构法定职能的基础上，根据湖南省动物防疫体系建设实际，明确县级以上人民政府设有畜牧水产事务机构的，由其承担动物疫病（包括人畜共患病）防控、动物和动物产品检疫相关事务性工作。县级动物卫生监督机构根据动物检疫工作需要，可以向乡镇或者特定区域的动物检疫点派驻专业人员。

二是完善动物防疫管理制度。落实国家“预防为主，预防与控制、净化、消灭相结合”的动物防疫方针，着眼于动物防疫全程管理，调整并加强了动物防疫信息管理、强制免疫评估、防疫条件审查、动物检疫监督、外省调入动物落地监管、病死动物无害化处理等制度，新增了畜禽活体交易管理、可疑和疑似重大动物疫情处置、运输主体及车辆备案、兽医实验室管理、指定通道管理等制度规定，对生产经营各环节动物防疫活动监管实现全覆盖。

三是完善人畜共患病防控制度。修订后的《实施办法》，要求发生人畜共患传染病时及时启动应急预案，并增加了人畜共患传染病发病率相对较高、危害相对较大的狂犬病犬只免疫管理规定、布鲁氏菌病易感动物调运管理规定。

本次《实施办法》修订坚持了三个原则。一是坚持问题导向：针对动物防疫工作中存在的防控体系薄弱、可疑和疑似疫情处置、活畜禽调运、交易管理等制度缺失问题，进行了立法规范。二是坚持务实管用：服从动物防疫实际需要，对没有实质性内容的规定进行删除，对已经不能适应动物防疫工作需要的规定进行修改。三是坚持地方特色：着重结合湖南动物防疫工作特点和需求，对上位法进行细化、补充、延伸，在预防、控制、净化、消灭动物疫病等具体事务中体现了湖南特点。

第一条 【政府和村委会职责】

县级以上人民政府应当加强对动物防疫工作的统一领导，采取有效措施稳定基层机构队伍，加强动物防疫队伍建设，建立健全动物防疫体系，制定并组织实施本行政区域动物疫病防治规划，完善动物防疫协调配合机制、动物疫情应急预案，实行动物防疫管理目标责任制。

乡镇人民政府、街道办事处应当明确承担动物防疫职责的机构，配备与动物防疫工作相适应的动物防疫人员，做好本辖区的动物防疫宣传、疫情排查、畜禽强制免疫的组织实施、疫情报告与应急处置、病死动物无害化处理等工作，受委托开展动物和动物产品的检疫工作。

村民委员会、居民委员会应当协助乡镇人民政府、街道办事处开展动物防疫工作，引导和督促村民、居民履行强制免疫、清洗消毒等动物防疫义务。

【解读】本条是关于政府和村(居)民委员会职责的规定，旨在明确《动物防疫法》第八条政府职责的具体事项。

一、县级以上人民政府的职责

(一)加强对动物防疫工作的领导

《动物防疫法》第八条规定，县级以上人民政府对动物防疫工作实行统一领导，采取有效措施稳定基层机构队伍，加强动物防疫队伍建设，建立健全动物防疫体系。

（1）对动物防疫工作实行统一领导。动物防疫工作涉及多领域、多环节、多对象，除保障养殖业生产外，也关乎公共卫生安全和生态安全，是各级人民政府的重要职责和工作内容。由县级以上人民政府对动物防疫工作实行统一领导可以充分发挥政府在统筹资源调动方面的优势，调集各方面力量、人员和物资予以保障。2021 年《湖南省人民政府办公厅关于促进畜牧业高质量发展的实施意见》（湘政办发〔2021〕28 号）提出，落实各级人民政府动物防疫属地管理责任。

（2）采取有效措施稳定基层机构队伍，加强动物防疫队伍建设。一些地方对动物防疫工作重视不够，基层动物防疫机构逐渐弱化和边缘化，经费保障不足，设施设备陈旧老化，专业技术人员匮乏，使得动物防疫、检疫和监管工作存在短板漏洞。根据《湖南省加强基层动植物疫病防控体系建设实施方案》（湘农联〔2022〕108 号）的要求，县级以上人民政府到 2022 年底前实现县乡动植物疫病防控责任明确到机构、明确到岗位、明确到人员，确保责有人负、活有人干、事有人管，有效提升动植物疫病防控的指挥协调、安全防护、应急处置能力。

（3）建立健全动物防疫体系。动物防疫体系是公共卫生体系的重要组成部分，是应对动物疫病的根本，关系到养殖业的健康发展，应当根据实际需要不断健全动物防疫体系。《国务院办公厅关于促进畜牧业高质量发展的意见》（国办发〔2020〕31 号），对建立健全动物防疫体系作出部署：一是落实动物防疫主体责任；二是提升动物疫病防控能力；三是建立健全分区防控制度；四是提高动物防疫监管服务能力。《湖南省加强基层动植物疫病防控体系建设实施方案》（湘农联〔2022〕108 号）提出，采取切实有效措施，进一步健全机构、完善体系、明确职责、理顺关系、优化机制、强化保障，建立全链条、全覆盖、可追溯、协同高效的基层动植物疫病防控体系。

（二）制定并组织实施本行政区域动物疫病防治规划

《动物防疫法》第八条规定，县级以上人民政府对动物防疫工作实行统一领导，采取有效措施稳定基层机构队伍，加强动物防疫队伍建设，建立健全动物防疫体系，制定并组织实施动物疫病防治规划。动物疫病防治规划是指在一定时间内对动物防疫提出的总体目标及相关措施。县级以上人民政府一方面要结合本地实际情况，根据上级动物疫病防治规划，制定本地区的动物疫病防治规划；另一方面要组织实施动物疫病防治规划，确保规划得到有效落实。近年来，湖南省组织制定了《湖南省畜间人兽共患病防治规划(2022—2030 年)》(湘农发〔2022〕114 号)、《湖南省畜间布鲁氏菌病防控五年行动实施方案(2022—2026 年)》(湘农发〔2022〕42 号)、《湖南省农业血吸虫病防治工作三年行动计划(2023—2025 年)》(湘农办发〔2023〕59 号)等动物疫病防治规划。

(三)建立健全动物防疫协调配合机制

(1)人畜共患传染病防治协作机制。《动物防疫法》第十条规定，县级以上人民政府卫生健康主管部门和本级人民政府农业农村、野生动物保护等主管部门应当建立人畜共患传染病防治的协作机制。

(2)政府各部门协调配合机制。2019 年，《国务院办公厅关于加强非洲猪瘟防控工作的意见》(国办发〔2019〕31 号)提出，落实各有关部门动物防疫监管责任，逐项明确各环节监管责任单位和职责分工，进一步强化部门联防联控机制。依法督促落实畜禽养殖、贩运、交易、屠宰、加工等各环节从业者动物防疫主体责任，加强宣传教育和监督管理。2020 年，《国务院办公厅关于促进畜牧业高质量发展的意见》(国办发〔2020〕31 号)提出，完善部门联防联控机制。

(3)非洲猪瘟等重大动物疫病分区防控协调配合机制。《动物防疫法》第二十一条规定，国务院农业农村主管部门根据行政区划、养殖屠宰产业布局、风险评估情况等对动物疫病实施分区防控，可以采取禁止或者限制特定动物、动物产品跨区域调运等措施。县级以上人民政府根据分区防控要求协调配合。

(四)完善动物疫情应急预案

《动物防疫法》第四十五条规定，县级以上地方人民政府根据上级重大动物疫情应急预案和本地区的实际情况，制定本行政区域的重大动物疫情应急预案，报上一级人民政府农业农村主管部门备案，并抄送上一级人民政府应急管理部门。县级以上地方人民政府农业农村主管部门按照不同动物疫病病种、流行特点和危害程度，分别制定实施方案。重大动物疫情应急预案和实施方案根据疫情状况及时调整。

（五）实行动物防疫管理目标责任制

《动物防疫法》第三条规定："本法所称动物防疫，是指动物疫病的预防、控制、诊疗、净化、消灭和动物、动物产品的检疫，以及病死动物、病害动物产品的无害化处理。"，湖南长期坚持实行动物防疫管理目标责任制。

在动物疫病强制免疫方面，湖南省根据《国家动物疫病强制免疫指导意见（2022—2025 年）》《湖南省规模养殖场户强制免疫"先打后补"工作方案（2022—2025 年）》和每年下发的《国家动物疫病免疫技术指南》，每年制定《湖南省动物疫病强制免疫计划》，明确目标任务、免疫范围、主要任务和保障措施，要求各地按照该计划要求，结合实际，制定本地区强制免疫实施方案和技术方案。比如，近年强制免疫目标任务，动物疫病强制免疫病种为高致病性禽流感、口蹄疫、小反刍兽疫。强制免疫动物疫病的群体免疫密度常年保持在 90%以上，应免畜禽免疫密度达到 100%，免疫抗体合格率常年保持在 70%以上。

在动物、动物产品检疫方面，湖南先后印发了《湖南省农业农村厅关于进一步加强动物检疫工作的指导意见》《关于进一步强化动物检疫监管工作的通知》等文件，明确要求严格检疫管理，规范检疫行为。对动物产地、屠宰检疫，要按照国家检疫规程和本省要求，做到程序标准化、操作规范化、过程痕迹化。动物离开养殖场点必须申报检疫。

在病死动物无害化处理方面，《湖南省畜禽养殖污染防治规划（2021—2025 年）》指出，到 2025 年，湖南全省病死畜禽集中收集、无害化处理，规模畜禽养殖病死畜禽集中无害化处理率在 80%以上。其中长沙市、株洲市、湘潭市、衡阳市、岳阳市、常德市、益阳市病死畜禽集中无害化处理率达 90%。

近年来，湖南省将动物防疫管理作为兽医工作的重要评价指标，将年度疫病监测任务完成情况、强制免疫密度、强制免疫病种抗体平均合格率、生猪产地检疫率等指标量化考评，纳入湖南省人民政府真抓实干督查激励工作，按省级组设考核督查检查，将非洲猪瘟等重大动物疫病常态化防控、强制免疫、监测流调、疫病净化、人兽共患病防控、动物检疫等指标量化考核。市级、县级层面参照省级层面做法，负责本地区相关工作目标任务确定、责任落实和考评等工作，各级应形成较为完善的动物防疫管理目标责任机制。

二、乡级人民政府、街道办事处的职责

（一）明确承担动物防疫职责的机构，配备与动物防疫工作相适应的动物防疫人员

《动物防疫法》第八条规定，乡级人民政府、街道办事处组织群众做好本辖区的动物疫病预防与控制工作。2022 年，《农业农村部、中央机构编制委员会办公室关于加强基层动植物疫病防控体系建设的意见》（农人发〔2022〕1 号）要求，乡镇应按照定责定岗定人要求，足额配齐配强动植物防疫专业人员；要将动植物防疫职责任务落到具体机构承担，避免职责悬空、任务落空；要在相应机构中设置与职责任务相匹配的动植物防疫岗位，岗位主要为专业技术岗。2022 年《湖南省加强基层动植物疫病防控体系建设实施方案》（湘农联〔2022〕108 号）要求，乡镇农业综合服务中心统一加挂“动植物疫病防控中心”牌子，推动动植物疫病防控工作力量向基层一线下沉。

（二）组织做好本辖区的动物防疫宣传、疫情排查、畜禽强制免疫的组织实施、疫情报告与应急处置、病死动物无害化处理等工作，受委托开展动物和动物产品的检疫工作

2022 年《农业农村部、中央机构编制委员会办公室关于加强基层动植物疫病防控体系建设的意见》（农人发〔2022〕1 号）要求，要压实乡镇政府责任，将动植物疫病防控职责纳入乡镇属地事项责任清单。2022 年《湖南省加强基层动植物疫病防控体系建设实施方案》（湘农联〔2022〕108 号）要求，乡镇承担动植物疫病防控职责的机构，负责动物疫情排查、畜禽强制免疫等的组织实施、防疫宣传、疫情报告与应急处置、病死动物无害化处理等工作，受委托开展动物及动物产品的检疫等工作。乡镇综合行政执法机构承担乡镇动物疫病防控相关行政执法职责。除此之外，《动物防疫法》和行政法规、规章以及湖南省的其他

规范性文件也对上述职责进行了相应规定。

关于动物防疫宣传，《动物防疫法》第十三条规定，各级人民政府和有关部门、新闻媒体，应当加强对动物防疫法律法规和动物防疫知识的宣传。

关于疫情排查，《实施办法》第九条规定，对发生可疑和疑似重大动物疫情的相关场点，所在地县级以上人民政府农业农村、林业等主管部门和乡镇人民政府应当按照国家有关规定立即组织采取隔离观察、采样检测、流行病学调查、限制易感动物及相关物品进出、环境消毒等措施，并及时上报。

关于畜禽强制免疫的组织实施，《动物防疫法》第十八条规定，乡级人民政府、街道办事处组织本辖区饲养动物的单位和个人做好强制免疫，协助做好监督检查。《动物防疫法》第三十条规定，街道办事处、乡级人民政府组织协调居民委员会、村民委员会，做好本辖区流浪犬、猫的控制和处置，防止疫病传播。县级人民政府和乡级人民政府、街道办事处应当结合本地实际，做好农村地区饲养犬只的防疫管理工作。《实施办法》第四条规定，免疫的密度和质量未达到规定要求的，县级人民政府及其农业农村主管部门和乡镇人民政府、街道办事处应当按照职责督促饲养动物的单位和个人履行强制免疫义务。

关于疫情报告与应急处置，《动物防疫法》第四十一条规定，发生三类动物疫病时，所在地县级、乡级人民政府应当按照国务院农业农村主管部门的规定组织防治。《湖南省重大动物疫情应急预案》规定，乡镇（街道办事处）动物防疫员具体负责包片区内动物疫情报告工作，动物检疫员（包括水生动物检疫员）、动物防疫监督员和取得诊疗许可证的从业兽医有责任和义务及时向同级动物防疫机构报告疫情。《重大动物疫情应急条例》第三十七条规定，重大动物疫情应急处理中，乡镇人民政府、村民委员会、居民委员会应当组织力量，向村民、居民宣传动物疫病防治的相关知识，协助做好疫情信息的收集、报告和各项应急处理措施的落实工作。《湖南省重大动物疫情应急预案》指出，乡镇人民政府（街道办事处）、村（居）民委员会应当组织力量参与应急处置工作。

关于病死动物无害化处理，《动物防疫法》第五十八条规定，在江河、湖泊、水库等水域发现的死亡畜禽，由所在地县级人民政府组织收集、处理并溯源。在城市公共场所和乡村发现的死亡畜禽，由所在地街道办事处、乡级人民政府组织收集、处理并溯源。

关于受委托开展动物和动物产品的检疫工作，本条规定进一步明确动物卫生监督机构可以委托具备开展动物检疫条件的乡镇，执行动物检疫。

三、村民委员会、居民委员会的职责

2021年《动物防疫法》修订，增加了村民委员会、居民委员会协助做好动物防疫相关工作的规定。村民委员会、居民委员会应当协助乡级人民政府、街道办事处开展动物防疫工作，引导和督促村民、居民履行强制免疫、清洗消毒等动物防疫义务。比如，《动物防疫法》第十八条规定，村民委员会、居民委员会协助县级以上地方人民政府农业农村主管部门和乡级人民政府、街道办事处做好强制免疫相关工作。第三十条规定，居民委员会、村民委员会在街道办事处、乡级人民政府的组织协调下，做好本辖区流浪犬、猫的控制和处置，防止疫病传播。

第二条 【部门职责】

县级以上人民政府农业农村主管部门主管本行政区域内的动物防疫工作。设有畜牧水产事务机构的，由其承担动物疫病(包括人畜共患传染病)防控、动物和动物产品检疫相关事务性工作。

县级以上人民政府卫生健康、林业、市场监管等有关部门在各自职责范围内做好动物防疫工作。

【解读】本条是关于各级部门动物防疫职责的规定，旨在落实《动物防疫法》第九条动物防疫管理职责、第十一条动物卫生监督机构职责、第十二条动物疫病预防控制机构职责的规定，结合湖南省实际情况，本条对动物防疫中相关部门的职责进行了明确。

一、县级以上人民政府农业农村主管部门的职责

《动物防疫法》第九条规定，县级以上地方人民政府农业农村主管部门主管本行政区域的动物防疫工作，其主要职责包括以下几方面。

(一)省级人民政府农业农村主管部门的职责

(1)会同本级人民政府卫生健康等有关部门开展本行政区域的动物疫病风险评估。(《动物防疫法》第十五条)

(2)制定本行政区域的强制免疫计划；根据本行政区域动物疫病流行情况

增加实施强制免疫的动物疫病病种和区域，报本级人民政府批准后执行，并报国务院农业农村主管部门备案。(《动物防疫法》第十六条)

(3)根据国家动物疫病监测计划，制定本行政区域的动物疫病监测计划。根据对动物疫病发生、流行趋势的预测，及时发出动物疫情预警。(《动物防疫法》第十九条)

(4)依法认定重大动物疫情。(《动物防疫法》第三十二条)

(5)经国务院农业农村主管部门授权，公布本行政区域的动物疫情。(《动物防疫法》第三十六条)

(6)按照程序确认官方兽医。(《动物防疫法》第六十六条)

(7)颁发执业兽医资格证书。(《动物防疫法》第六十九条)

(8)《动物防疫法》和相关法律法规规定的其他职责。

(二)市级、县级人民政府农业农村主管部门的职责

(1)负责组织实施动物疫病强制免疫计划，并对饲养动物的单位和个人履行强制免疫义务的情况进行监督检查。定期对本行政区域的强制免疫计划实施情况和效果进行评估，并向社会公布评估结果。(《动物防疫法》第十八条)

(2)与野生动物保护主管部门按照职责分工对野生动物疫源疫病进行监测等工作，并定期互通情况，紧急情况及时通报。(《动物防疫法》第二十条)

(3)对动物饲养场和隔离场所、动物屠宰加工场所以及动物和动物产品无害化处理场所进行审查，依法发放动物防疫条件合格证。(《动物防疫法》第二十五条)

(4)对经营动物、动物产品的集贸市场进行监督检查。(《动物防疫法》第二十六条)

(5)依法认定动物疫情(重大动物疫情除外，重大动物疫情由省人民政府农业农村主管部门认定)。(《动物防疫法》第三十二条)

(6)与本级人民政府卫生健康、野生动物保护等主管部门应当及时相互通报人畜共患传染病疫情。(《动物防疫法》第三十四条)

(7)发生一类动物疫病时，应当立即派人到现场，划定疫点、疫区、受威胁区，调查疫源，及时报请本级人民政府对疫区实行封锁；发生二类动物疫病时

应当划定疫点、疫区、受威胁区。(《动物防疫法》第三十八条、第三十九条、第四十条)

(8)根据本行政区域的重大动物疫情应急预案，按照不同动物疫病病种、流行特点和危害程度分别制定实施方案。(《动物防疫法》第四十五条)

(9)对从事动物运输的单位、个人以及车辆进行备案。(仅限“县级人民政府农业农村主管部门”,《动物防疫法》第五十二条)

(10)对检疫不合格的动物、动物产品，监督货主按照国家有关规定处理。(《动物防疫法》第五十六条)

(11)依法审查和发放动物诊疗许可证。(《动物防疫法》第六十二条)

(12)任命官方兽医。(《动物防疫法》第六十六条)

(13)制定官方兽医培训计划，提供培训条件，定期对官方兽医进行培训和考核。(《动物防疫法》第六十八条)

(14)对从事动物诊疗等经营活动的执业兽医进行备案。(仅限“县级人民政府农业农村主管部门”,《动物防疫法》第六十九条)

(15)对动物饲养、屠宰、经营、隔离、运输以及动物产品生产、经营、加工、贮藏、运输等活动中的动物防疫实施监督管理。(《动物防疫法》第七十四条)

(16)为控制动物疫病，应当派人在所在地依法设立的现有检查站执行监督检查任务，必要时，经省、自治区、直辖市人民政府批准，可以设立临时性的动物防疫检查站，执行监督检查任务。(仅限“县级人民政府农业农村主管部门”,《动物防疫法》第七十五条)

(17)执行监督检查任务，并采取相应措施。根据动物疫病预防、控制需要，经所在地县级以上地方人民政府批准，在车站、港口、机场等相关场所派驻官方兽医或者工作人员。(《动物防疫法》第七十六条)

(18)根据动物防疫工作需要，向乡、镇或者特定区域派驻兽医机构或者工作人员。(仅限“县级人民政府农业农村主管部门”,《动物防疫法》第八十一条)

(19)《动物防疫法》和相关法律法规规定的其他职责。

对于农业农村执法工作，2018 年 2 月党的十九届三中全会作出了深化党和国家机构改革的决定，要求深化行政执法体制改革，统筹配置行政处罚职能和执法资源，相对集中行政处罚权，整合精简执法队伍，解决多头多层重复执法问题，一个部门设有多支执法队伍的，原则上整合为一支执法队伍。3 月中共中央印发的《深化党和国家机构改革方案》提出，整合组建农业综合执法队伍，将农业系统内兽医兽药、生猪屠宰、种子、化肥、农药、农机、农产品质量等执法队伍整合，实行统一执法。11 月中共中央办公厅、国务院办公厅印发《关于深化农业综合行政执法改革的指导意见》（以下简称《指导意见》），要求将分散在同级农业农村主管部门内设机构及所属单位的行政处罚以及与行政处罚相关的行政检查、行政强制职能剥离，整合组建农业综合行政执法机构。据此，各地在推进改革的过程中，将原先由动物卫生监督机构承担的动物防疫执法职能剥离，统一交由农业综合执法机构实施。《指导意见》同时指出，农业综合行政执法队伍组建后，农业农村主管部门原内设机构及所属单位依法继续做好行政许可、行业管理、技术推广、例行监测、检验检测等工作。因此，改革后的动物卫生监督机构应当继续履行好动物、动物产品的检疫工作职责。当前我省农业农村执法工作应当按照《湖南省加强基层动植物疫病防控体系建设实施方案》（湘农联〔2022〕108 号）的意见，由县级农业综合行政执法机构、乡镇综合行政执法机构分别承担县、乡两级动植物疫病防控相关行政执法职责。截至 2023 年 12 月，县级承担动物卫生监督执法工作人员共 569 人。

二、县级以上畜牧水产事务机构的职责

（一）畜牧水产事务机构的基本情况

2018 年 2 月《中共中央关于深化党和国家机构改革的决定》（2018 年 2 月 28 日中国共产党第十九届中央委员会第三次全体会议通过）提出，优化政府机构设置和职能配置，提高行政效率。精干设置各级政府部门及其内设机构，科学配置权力，减少机构数量，简化中间层次，推行扁平化管理，形成自上而下的高效率组织体系。本轮改革中，湖南省的市县三级机构设置不完全一致。2019 年 9 月湖南省设立“湖南省畜牧水产事务中心”，作为湖南省农业农村厅管理的副厅级公益一类单位，原“湖南省畜牧水产局”“湖南省兽医局”“湖南省

动物卫生监督所(湖南省动物血防工作站)”“湖南省畜牧水产技术推广站(湖南省水生动物防疫检疫站)”成建制撤销。市级改革各地存在差异，长沙、株洲、岳阳等没有设立畜牧水产事务中心，其他市(州)设立“××市(州)畜牧水产(和农机)事务中心”，为市(州)农业农村局所属正处级或副处级公益一类事业单位。县级改革各地存在差异，大部分县(市、区)设置“××县(市、区)畜牧水产事务中心”，为县(市、区)农业农村局所属正科级或副科级公益一类事业单位。截至2023年底，湖南省有109个县级行政区设有畜牧水产事务机构。

(二)畜牧水产事务机构的职责

本条规定，设有畜牧水产事务机构的，由其承担动物疫病(包括人畜共患传染病)防控、动物和动物产品检疫相关事务性工作。省市县三级畜牧水产事务机构根据各级编制委员会印发的《畜牧水产(和农机)事务中心职能配置、内设机构和人员编制规定》履行职责。湖南省畜牧水产事务中心在动物防疫方面主要职责为：

(1)承担动物疫病(包括人畜共患病)防控、动物和动物产品检疫及动物血防相关事务性工作。

(2)为动物诊疗机构和从业人员管理提供服务保障。

(3)对市县畜牧水产事务中心进行业务指导等。

市级和县级的畜牧水产事务机构主要职责尽管存在一定的差异，但基本明确了在动物防疫方面的职责，承担动物疫病(包括人畜共患病)防控、动物和动物产品检疫相关工作等。

三、县级以上动物卫生监督机构的职责

(一)动物卫生监督机构的基本情况

目前，湖南省动物卫生监督机构独立设置的县(市、区)18个，综合设置加挂牌子的104个，其中综合设置在农业农村局的1个，在农业农村事务服务中心的3个，在畜牧水产事务中心的48个，在动物疫病预防控制中心的50个，

在农村经营服务站的1个，在农产品检测中心的1个。湖南省县级从事动物卫生监督工作人数1070人。

（二）动物卫生监督机构的职责

《动物防疫法》第十一条规定："县级以上地方人民政府的动物卫生监督机构依照本法规定，负责动物、动物产品的检疫工作。"根据《湖南省加强基层动植物疫病防控体系建设实施方案》（湘农联〔2022〕108号）规定，县级动物卫生监督机构，承担本地区动物及动物产品的检疫工作、畜禽调运监管工作；承担动物检疫证章标志管理工作，承担动物检疫信息统计分析工作；参与动物防疫日常管理事务、病死动物无害化处理等工作。

根据《动物防疫法》和《实施办法》，动物卫生监督机构的具体职责包括：

（1）具体实施动物、动物产品检疫。（《动物防疫法》第四十八条）

（2）对屠宰、出售或者运输动物以及出售或者运输动物产品前，接受检疫申请并派官方兽医进行检疫，检疫合格的，出具检疫证明、加施检疫标志；实施检疫的官方兽医应当在检疫证明、检疫标志上签字或者盖章，并对检疫结论负责。（《动物防疫法》第四十九条）

（3）对科研、药用、展示等特殊情形非食用性利用的野生动物、人工捕获的野生动物进行检疫。（《动物防疫法》第五十条）

（4）对输入到无规定动物疫病区的动物、动物产品进行检疫。（《动物防疫法》第五十四条）

（5）负责检疫申报点的运行和管理。（《实施办法》第十一条）

（6）向乡镇和特定区域派驻专业人员。（《实施办法》第十一条）

（7）对依法应当检疫而未经检疫的动物和动物产品，具备补检条件的实施补检。（《动物防疫法》第七十六条）

（8）《动物防疫法》和相关法律法规规定的其他职责。

四、县级以上动物疫病预防控制机构的职责

（一）动物疫病预防控制机构的基本情况

目前，湖南省动物疫病预防控制机构独立设置的县（市、区）81 个，综合设置加挂牌子的 41 个，其中综合设置在农业农村局的 5 个，在农业农村事务服务中心的 3 个，在畜牧水产事务中心的 24 个，在动物卫生监督所的 7 个，在农村经营服务站的 1 个，在农产品检测中心的 1 个。湖南省县级从事动物疫病预防控制工作人数 969 人。

（二）动物疫病预防控制机构的职责

《动物防疫法》第十二条规定动物疫病预防控制机构承担动物疫病的监测、检测、诊断、流行病学调查、疫情报告以及其他预防、控制等技术工作；承担动物疫病净化、消灭的技术工作。湖南省依据《湖南省加强基层动植物疫病防控体系建设实施方案》（湘农联〔2022〕108 号），其机构设置为“县（市）和县（市）改设的区，独立设置动物疫病预防控制机构，名称统一为‘××县（市、区）动物疫病预防控制中心’，为县（市、区）农业农村主管部门所属公益类事业单位。其他市辖区动物疫病预防控制机构可与相关机构综合设置，统一在一个主体机构加挂‘××区动物疫病预防控制中心’牌子”；机构职责为“县级动物疫病预防控制机构，承担动物疫病的监测、检测、诊断、流行病学调查、疫情报告以及其他预防、控制等技术工作；承担动物疫病净化、消灭的技术工作；按照动物疫病净化、消灭规划、计划，开展动物疫病净化技术指导、培训，对动物疫病净化效果进行监测、评估等工作”。

根据《动物防疫法》和《实施办法》，动物疫病预防控制机构的具体职责如下：

（1）承担动物疫病的监测、检测、诊断、流行病学调查、疫情报告以及其他预防、控制等技术工作。（《动物防疫法》第十二条）

（2）承担动物疫病净化、消灭的技术工作。（《动物防疫法》第十二条）

（3）按照国务院农业农村主管部门的规定和动物疫病监测计划，对动物疫病的发生、流行等情况进行监测。（《动物防疫法》第十九条）

（4）按照动物疫病净化、消灭规划、计划，开展动物疫病净化技术指导、培训，对动物疫病净化效果进行监测、评估。（《动物防疫法》第二十二条）

（5）对免疫的密度和质量进行评估，提出免疫效果评估报告。（《实施办法》第四条）

五、县级以上人民政府卫生健康、林业、市场监管等有关部门的职责

动物防疫工作纷繁复杂、千头万绪，仅靠农业农村主管部门难以取得应有的效果，需要其他部门有效配合，形成合力。《动物防疫法》第九条规定，县级以上人民政府其他有关部门在各自职责范围内做好动物防疫工作。其职责主要包括：

（1）本级农业农村主管部门与省卫生健康等有关部门共同开展本行政区域的动物疫病风险评估，并落实动物疫病预防、控制、净化、消灭措施。（《动物防疫法》第十五条）

（2）科技、海关等部门按照《动物防疫法》及有关法律法规的规定做好动物疫病监测预警工作，并定期与农业农村主管部门互通情况，紧急情况及时通报；野生动物保护主管部门与农业农村主管部门按照职责分工对野生动物疫源疫病进行监测等工作，并定期互通情况，紧急情况及时通报。（《动物防疫法》第二十条）

（3）海关发现进出境动物和动物产品染疫或者疑似染疫的，应当及时处置并向农业农村主管部门通报。（《动物防疫法》第三十三条）

（4）野生动物保护主管部门发现野生动物染疫或者疑似染疫的，应当及时处置并向本级农业农村主管部门通报。（《动物防疫法》第三十三条）

（5）发生人畜共患传染病疫情时，县级以上人民政府农业农村主管部门与本级人民政府卫生健康、野生动物保护等主管部门应当及时相互通报。发生人畜共患传染病时，卫生健康主管部门应当对疫区易感染的人群进行监测，并采

取相应的预防、控制措施。(《动物防疫法》第三十四条)

(6)海关的官方兽医应当具备规定的条件，由海关总署任命，具体办法由海关总署会同国务院农业农村主管部门制定。(《动物防疫法》第六十六条)

(7)《动物防疫法》和相关法律法规规定的其他职责。

第三条 【信息管理和溯源体系】

县级以上人民政府农业农村主管部门应当建立健全动物防疫信息管理系统和溯源体系。

从事动物饲养、屠宰、经营、运输、隔离、诊疗、检验检测、无害化处理等活动的单位和个人，应当按照国家和省规定将动物防疫相关信息填报动物防疫信息管理系统。

【解读】本条是关于信息管理和溯源体系要求的规定，旨在加速推动动物防疫信息化进程，明确动物防疫信息管理系统和溯源体系建设的目标要求，为从事相关活动的单位和个人提供更加方便快捷的动物防疫政务服务。

一、建立健全动物防疫信息管理系统和溯源体系

大数据时代，动物防疫管理工作的信息化是动物防疫高质量发展的必然要求。根据《国务院关于加快推进政务服务标准化规范化便利化的指导意见》(国发〔2022〕5号)的总体要求和《国务院办公厅关于促进畜牧业高质量发展的意见》(国办发〔2020〕31号)“提升畜牧业信息化水平”的具体意见，本条明确县级以上人民政府农业农村主管部门应当建立健全动物防疫信息管理系统和溯源体系，加强动物防疫信息化管理，相关部门能在第一时间掌握动物防疫工作最新动态，确保动物防疫多种有效措施的根本性落实，进一步提高对重大动物疫病的应急反应能力和动物防疫监督工作的质量和效率。

二、实现动物防疫信息的可追溯

《动物检疫管理办法》第六条第一款要求“农业农村部加强信息化建设”，要建立全国统一的动物检疫管理信息化系统，实现动物检疫信息的可追溯。同时第三款要求“从事动物饲养、屠宰、经营、运输、隔离等活动的单位和个人，应当按照要求在动物检疫管理信息化系统填报动物检疫相关信息”。本条要求从事动物饲养、屠宰、经营、运输、隔离、诊疗、检验检测、无害化处理等活动的单位和个人，应当按照国家和省规定将动物防疫相关信息录入动物防疫信息管理系统。

三、实施动物防疫数字化管理

依托公共数据平台推进相关部门和地区之间信息共享和应用，提高动物防疫数字化管理水平，推进动物防疫整体智治。2021 年以来，湖南省利用网络通信、区块链、大数据、云计算、人工智能等技术，对动物检疫和强制免疫“先打后补”系统、畜禽无害化处理监管系统、牧运通指定通道管理系统进行整合。目前，湖南省已构建了动物防疫信息管理系统和溯源体系，即湖南省畜牧兽医信息平台。该平台涵盖养殖、屠宰、畜禽交易、运输等环节，包括畜牧生产管理、动物卫生监督、畜禽屠宰管理、动物疫病防控、兽医兽药管理、畜产品质量安全监管等 6 个方面的畜牧兽医行业数据，建有养殖档案管理、强制免疫“先打后补”、动物检疫、屠宰管理、运输管理、无害化管理、应急指挥、教育科技等 27 个模块大类 149 个功能细分项。湖南省畜牧兽医信息平台将畜禽免疫、产地检疫、屠宰检疫、运输监管等环节贯穿起来，记录并跟踪动物及动物产品生产、流通等主要业务数据，实现对动物及动物产品养殖、免疫、检疫、无害化处理、落地监管等相关信息的全流程监管追溯管理。湖南省动物防疫信息管理系统和溯源体系填报内容如下。

1. 养殖档案管理

(1)养殖场基本信息管理：包括养殖场名称、养殖场地址、养殖畜种、养殖种类、主要品种、法人代表姓名、电话、企业社会信用代码、畜禽标识代码、动物防疫条件合格证号、种畜禽生产经营许可证证号等。

(2)生产信息管理：规模养殖场调入、调出、出栏、投入品、死淘。

(3)饲料信息管理：饲料、饲料添加剂和兽药使用情况。

(4)兽药信息管理：对养殖过程中兽药购入的管理、兽药使用的管理。

(5)免疫信息管理：在养殖过程中进行免疫信息记录。

(6)消毒信息管理：在养殖过程中进行消毒信息记录。

(7)防疫监测管理：在养殖过程中进行防疫监测记录。

(8)动物诊疗管理：在养殖过程中进行诊疗记录。

2. 种畜禽管理

(1)种畜禽场基本信息：企业管理人员维护企业信息及记录种畜禽企业相关信息和种畜禽场相关信息。

(2)种畜禽登记：按照统一 ID 编码规范进行种畜禽编码。

(3)种畜禽档案：对种畜禽基本情况进行记录。

(4)种群报告：每月上报一次当前种群存养结构。

(5)系谱管理：记录动物种畜禽系谱。

(6)引种管理：记录引种过程的相关信息。

(7)淘汰管理：记录种畜禽淘汰信息。

(8)种畜禽合格证打印：从种畜禽登记的记录中打印合格证。

(9)种畜禽登记报告：种畜禽场信用积分管理。

(10)统计分析：将各项数据汇总分析。

3. 监督检查管理

(1)动物防疫监督：各级农业农村主管部门对辖区内的服务对象场所进行日常监督检查。

(2)动物防疫检查登记：在线生成检查登记记录。

4. 动物检疫管理

(1)动物检疫证章标识管理：完善动物卫生监督信息系统，新增动物检疫证章标识管理、畜禽标识管理。

(2)动物检疫申报实名制认证：

①数据获取：获取畜牧企业基础数据信息。

②养殖场(户)通过手机 App、微信小程序方式进行自主申报。

(3)动物检疫现场即时出证：官方兽医可查看辖区申报信息，实现现场出证。

(4)动物检疫证明产品证：官方兽医可查看辖区内屠宰场申报信息，实现快速出证。

(5)贩运人信息备案管理：对全省贩运人实现备案管理，建立贩运人电子档案。

(6)跨省调运管理：与检疫出证系统、动物卫生监管系统数据对接，调用跨省检疫证等信息。

(7)统计分析：一是动物统计时分畜禽种类、到达省份、用途，以及到达大区具体情况等的数据分析；二是设置动物检疫申报单列表；三是动物产品统计时分产品种类、到达省份等的数据分析；四是实时记录入湘动物及动物产品检疫证明并设置实时记录，对入湘动物及动物产品分畜禽种类、到达地点进行统计；五是进行各动物种类和产品种类出证数量统计。

(8)湖南省动物 B 证无纸化：全省出具无纸化动物检疫证明。

5. 畜禽运输管理

(1)运输车辆登记备案管理：车辆所有人在线填写备案信息申请，工作人员进行审核。

(2)畜禽运输车辆定位监管：对备案的车辆配备定位装置，查看车辆的实时轨迹。

(3)畜禽运输车辆消毒管理：记录运输车辆的消毒信息，形成电子消毒档案。

(4)数据迁移和黑名单管理：从国家车辆数据库把备案区域是湖南省的车辆信息同步到湖南省畜牧兽医信息平台，并实行黑名单管理功能。

6. 落地报告

落地报告：获取动物A证和动物B证信息，由官方兽医检查确认到达后形成落地报告，或者养殖户自主申报形成落地报告。

7. 屠宰管理

(1)屠宰场信息管理：记录屠宰场的基本信息，包括名称、编号、屠宰许可证、负责人等基本信息。

(2)入场查验登记：待宰生猪进场前，进行入场查验登记。

(3)非洲猪瘟企业自检与监督抽检记录：登记非洲猪瘟企业自检记录，驻场官方兽医监督抽检记录。

(4)瘦肉精企业自检与监督抽检记录：登记瘦肉精企业自检记录，驻场官方兽医监督抽检记录。

(5)检疫申报：屠宰检疫由屠宰场品管员进行申请，可通过手机进行申请。

(6)同步检验：驻屠宰场官方兽医进行同步检验。

(7)肉品检验：屠宰场企业人员对肉品进行品质检验。

(8)出厂记录：对屠宰企业的出厂产品进行登记。

(9)定制湖南省台账：生猪进厂宰前登记表、生猪屠宰品质检验登记表、生猪产品出厂登记台账、无害化处理入库出库登记表、瘦肉精自检台账、非州猪瘟自检台账、屠宰厂消毒登记表、企业安全生产自检台账。

(10)屠宰检疫统计报表：包括屠宰场、入场数量、急宰数量、准宰数量、同步检疫数量、无害化处理数量(头、公斤)、废弃物处理数量(公斤)、瘦肉精抽检数量。

8. 专营动物交易市场检疫

(1)交易市场信息管理：包括交易市场名称、交易动物种类、工商营业执照、负责人、联系电话等。

（2）经营户信息管理：包括经营户名称、门面号、负责人、联系电话、经营范围等。

（3）入场登记管理：包括入场动物检疫证明号码、货主等信息，以及分配经营户的分配数量情况。

（4）检疫申报管理：根据库存量和出库量，填写检疫申报信息。

（5）库存管理：包括入场批次（一份检疫证明为一个批次）、入场数量、销售出场数量、剩余数量。

9. 畜禽无害化处理管控

（1）畜禽死亡报告监管：录入畜禽死亡详细信息。

（2）病死畜禽收集监管：收集监管人员将现场病死畜禽进行拍照，通过信息系统上传，出具电子收集单。

（3）病死畜禽转运监管：对跨县调运病死畜禽的，监管部门需要进行转运监管。通过信息系统出具电子调运单。

（4）病死畜禽运输车辆监管：对病死畜禽的运输车辆配备车辆 GPS 定位，实时获取车辆轨迹。

（5）病死畜禽入库监管：由监管人员在现场同步核查病死畜禽数量、畜禽种类等信息。

（6）病死畜禽无害化处理监管：接入无害化处理厂在重点场所的视频监控，查看处理现场实时画面，加强对病死畜禽无害化处理环节的监管力度。

（7）处理产物流向监管：记录处理产物流向信息。

（8）定制收集环节拍摄小视频功能：在每个收集单据中增加拍摄 30 秒小视频功能。

（9）保险联动：建立养殖户基本信用养殖档案，乡镇兽医站人员、收集人员帮助保险公司人员进行入保登记，保险公司人员可直接通过系统进行线上审核，并结合处理中心证明直接进行理赔。

10. 强制免疫

（1）疫苗采购调拨管理：逐层报送强制免疫疫苗的需求计划，汇总各级疫苗需求，由省级农业农村主管部门统一进行强免疫苗采购。

（2）疫苗下拨明细：逐级分拨疫苗至乡镇，建立下拨台账。

（3）疫苗调拨统计：统计疫苗调拨数据，方便管理人员动态掌握疫苗调拨情况。

（4）疫苗出入库管理：记录疫苗出入库的信息，对疫苗出入库建立电子档案。

（5）疫苗报损管理：维护疫苗报损信息，对疫苗保质期进行提醒预警。

（6）疫苗名录管理：由省级管理人员维护疫苗名录库。

（7）免疫管理：由高级管理人员对疫苗名录库进行维护和管理，散养户助免管理、规模场自免管理等功能，按照农业农村部兽医卫生综合信息平台"全国动物免疫信息"模块设置，及时汇总统计上报湖南省强制免疫进度。

（8）"先打后补"管理：对符合国家"先打后补"政策的养殖场（户）进行信息登记、资质申请、疫苗采购入库、免疫录入、补贴申请等，汇总统计资质申请、补贴申请等相关明细数据。

11. 动物疫情应急指挥

（1）应急值守：应急值守状态下，可以通过地图查看全省各项监管数据。

（2）信息接报：快速登记疫情信息。

（3）疫区定位：标记疫点后，以疫点为中心，外延 3 km 范围内的区域定位为疫区。

（4）受威胁区定位：疫区边缘外延 5 km 或 10 km 范围内的区域定位为受威胁区，确定受威胁区影响范围。

（5）其他区域定位：除定位疫区、受威胁区外，支持输入其他防控半径。

（6）标绘图层：方便现场一线人员掌握有效数据并对疫情快速处置。

12. 兽药监管

(1)兽医兽药流程智能管理：包括兽药信息采集和录入、数据同步传输、数据查询、数据统计分析。

(2)“一场一码”、GIS 定位系统监管对象管理：对所有的监管服务对象进行分类和编码。

(3)兽药二维码和追溯：与国家兽药基础信息查询系统的数据交互，获取国家兽药基础数据。

(4)智能报表统计：实时生成相关的大数据统计分析报表。

13. 饲料企业管理

在线备案管理：饲料企业在线申请备案，支持备案企业定时上传企业生产报告。

14. 输入(过境)易感动物和动物产品管理

(1)无疫区输入(过境)易感动物和动物产品审核后录入：与省政府行政审批平台对接调取信息，将信息推送给对应的检查站。

(2)动物卫生监督检查站管理：维护站点信息，能够对运输的动物及动物产品的相关证明、去向进行查验登记。

(3)动物隔离场管理：对动物隔离场进行登记，能够对隔离动物出入记录进行登记。

15. 畜牧兽医队伍管理

(1)“三医”人员管理：维护官方兽医、执业兽医和乡村兽医基本信息，包括姓名、性别、身份证号、职称、所在位置等基本信息，建立“三医”人员电子档案。

(2)防疫员管理：防疫员通过移动端进行登记备案，监管部门的相关工作人员通过 PC 端掌握所有防疫员的信息。

16. 实验室检测管理

(1)实验室基础信息管理：对“先打后补”抗体检测有上传需求的实验室进行基础信息录入登记。

(2)报告管理：上传“先打后补”检测报告，可对最终检验报告实现审核，保证“先打后补”抗体检测报告的真实准确；设置检测结果录入功能，可在养殖企业信息中录入动物疫病抗原、抗体检测结果，为实现检疫监测和预警提供数据支持。

17. 粪污资源利用管理

(1)畜牧产业生态环保审批管理：对全省畜禽规模场的生态环保备案登记情况进行上传，并通过多种方式快速定位查询。

(2)粪污资源利用企业管理：采集畜禽企业的粪污资源利用基础信息，自动形成电子档案。

(3)畜禽粪污统计管理：对区域内养殖户养殖量进行汇总，对所产生的粪污进行统计。

(4)粪污第三方公司收集管理：养殖场畜禽粪污收集管理、畜禽粪污收集调运管理、畜禽粪污处理管理、粪肥还田管理。

(5)预警监测管理：与畜牧养殖场、屠宰场等场所对接相应硬件，实现对监测场所污染源高频、精准、实时地监测。

(6)养殖场粪污监测管理：养殖场粪污储存池满报警、粪肥还田超过土地承载量报警、粪污偷排报警，如养殖量对应的排放远大于粪污收集量、粪肥利用去向不明报警。

(7)统计报表管理：汇总并上交各类主管部门需要的统计报表。

(8)养殖区域规划管理：以地图可视化方式显示区域划分，省级监管人员可查看全省养殖区域划分情况。

18. 畜产品追溯链

(1)养殖环节数据上链：养殖场开具的食用农产品合格证数据上链，包括养殖场信息、产品信息等。

(2)屠宰环节数据上链：区块链链接养殖环节追溯信息，并整合屠宰环节数据上链。

19. 无疫小区综合管理

(1)无疫小区信息管理：公示、公告国评通过的无疫小区的养殖场(户)基本信息，将跨省调运政策调整与检疫出证模块关联，无疫小区日常维持情况管理。

(2)无疫小区评估管理：养殖场无疫小区的创建申请、评估申请等资料提交、审核，省级评估资料上传，以及日常管理维护。

(3)大数据管理：无疫小区养殖场统计、养殖场设计规模、场址位置、生产数据等相关分析展示。

(4)基础设置：对无疫小区的位置、养殖场信息、相关人员进行登记，并对人员权限进行限制。

20. 政保银企平台管理

(1)养殖场(户)投保流程：养殖场(户)、收集人员、防疫员、保险公司人员通过政保银企平台帮助养殖场(户)入保，填写入保信息。保险公司人员进行初审、终审后生成保单。生成的保单信息传到保险公司业务系统。

(2)养殖场(户)信贷申请流程：银行通过政保银企平台展示信贷产品；养殖场(户)通过政保银企平台选中银行和信贷产品，发起申请，并授权银行查询基本信息和生产情况。

(3)查勘定损流程：养殖场(户)通过呼叫中心进行死畜报案，无害化处理厂收集人员进行收集，并代保险公司进行查勘，收集证据链，乡镇审核人员对收集、处理等相关证据链进行审核。保险公司通过政保银企平台查看报案信息，收集处理信息，进行定损，生成理赔单。

(4)银行贷后管理流程：银行通过政保银企平台管理信贷风险，经贷款养殖场(户)授权可查询生产异动情况；银行通过政保银企平台查看市场价格趋势和行业动态；银行通过政保银企平台记录资产检查情况，并对贷款户做信用评分；银行在政保银企平台反馈贷款回收状况。

(5)预警管理：对养殖信息设定预警参数，对不规范的动态信息做出预警。

(6)信用评级：政保银企平台对养殖场(户)生产情况、投保情况、养殖档案数据填报情况进行信用评级，建立养殖诚信体系。

21. 应急物资管理

(1)应急储备库管理：省市县三级管理人员维护应急储备库的基本信息。

(2)物资入库管理：对物资进行入库管理。

(3)库存管理：管理人员能够查看本级单位应急物资库存信息，也能够查看管辖范围内下级单位的库存信息。

(4)出库管理：管理人员根据实际需求进行物资出库，保存电子出库记录，供管理人员及时查阅。

(5)报损管理：管理人员将即将到期的物资进行报损处理，保存电子报损记录，供管理人员及时查阅。

(6)供应商管理：管理人员维护合作的供应商信息，为物资出入库业务提供基础数据支持。

(7)物资名录管理：省级管理人员按照物资类别维护物资名录。

第四条 【强制免疫评估】

县级以上人民政府农业农村主管部门应当建立健全动物疫病强制免疫评估机制。动物疫病预防控制机构应当对免疫的密度和质量进行评估，提出免疫效果评估报告。

免疫的密度和质量未达到规定要求的，县级人民政府及其农业农村主管部门和乡镇人民政府、街道办事处应当按照职责督促饲养动物的单位和个人履行强制免疫义务。

经过强制免疫的动物方可上市交易。

【解读】本条是关于动物疫病强制免疫评估的规定，旨在落实《动物防疫法》第十六条动物疫病强制免疫计划、第十七条饲养动物的单位和个人的强制免疫义务的要求，并进一步细化第十八条强制免疫计划实施条款的内容，明确动物疫病强制免疫评估的机制建设、免疫要求和部门职责，同时对未经强制免疫的动物上市交易作出禁止性规定。

一、动物疫病强制免疫

动物疫病强制免疫是对严重危害养殖业和人类健康的动物疫病采取强制免疫计划，确定免疫病种、免疫要求、免疫动物种类与区域范围、免疫实施主体、组织分工、补助经费安排、免疫效果监测及监督管理等一系列强制性措施，有计划分步骤地预防、控制、净化和消灭动物疫病。

（一）部门职责

县级以上地方人民政府农业农村主管部门要严格按照国家关于强制免疫的相关规定，组织实施强制免疫计划，制定工作方案，广泛宣传动员，监督饲养动物的单位和个人履行强制免疫义务，采取查阅免疫档案、监测免疫抗体水平等多种形式开展监督检查，确保强制免疫责任落实到养殖场（户）。

乡镇人民政府和城市街道办事处应当发挥其在动物疫病强制免疫工作中的组织作用，督促饲养动物的单位和个人按照强制免疫政策、计划和工作方案及时开展动物免疫接种工作，协助农业农村主管部门做好监督检查。村民委员会、居民委员会应协助做好相关工作，包括动物饲养情况调查、报告以及动物疫病强制免疫宣传教育和组织动员等。

（二）饲养动物的单位和个人的义务

根据《动物防疫法》第十七条对疫病强制免疫义务的规定，饲养动物的单位和个人应当履行下列义务：

（1）履行强制免疫义务。动物疫病强制免疫是饲养动物的单位和个人的法定义务。动物疫病作为动物饲养和经营活动面临的较大风险，所有从事相关活动的单位和个人，不仅需要保护自身利益，而且有责任保护同行业的其他生产者利益以及人民群众的健康。因此，有关单位和个人必须严格遵守动物防疫法律法规规定，执行有关防疫政策和措施，做好动物的强制免疫工作。

（2）建立免疫档案与加施畜禽标识义务。建立免疫档案与加施畜禽标识是落实强制免疫制度、确保动物防疫可追溯管理的重要措施，对于准确掌握动物群体和个体免疫、监测和移动状况有着十分重要的流行病学意义。饲养动物的单位和个人应当根据规定建立免疫档案，规范资料整理，免疫档案应当载明畜禽养殖场（户）名称、地址、畜禽种类、数量、免疫日期、疫苗名称、畜禽养殖场代码、畜禽标识编号、免疫人员及用药记录等内容。畜禽标识应当符合《畜禽标识和养殖档案管理办法》的规定，由饲养动物的单位和个人自行加施，实行一畜一标，即每个家畜个体使用一个唯一编码的标识。

（三）强制免疫病种与技术规范

《动物防疫法》第十六条规定："国家对严重危害养殖业生产和人体健康的动物疫病实施强制免疫。国务院农业农村主管部门确定强制免疫的动物疫病病种和区域。省、自治区、直辖市人民政府农业农村主管部门制定本行政区域的强制免疫计划；根据本行政区域动物疫病流行情况增加实施强制免疫的动物疫病病种和区域，报本级人民政府批准后执行，并报国务院农业农村主管部门备案。"根据《国家动物疫病强制免疫指导意见（2022—2025年）》《湖南省规模养殖场户强制免疫"先打后补"工作方案（2022—2025年）》，目前湖南省强制免疫的病种主要有高致病性禽流感、口蹄疫、小反刍兽疫三种，免疫的技术应当符合每年下发的《国家动物疫病免疫技术指南》的要求。

（四）补助政策

为进一步落实和完善动物疫病强制免疫补助政策实施机制，服务生产经营主体需求和适应畜牧业高质量发展要求，维护养殖健康安全和降低系统性风险，农业农村部在全国开展深入推进动物疫病强制免疫补助政策实施机制改革，湖南全面推行规模养殖场强制免疫"先打后补"政策。"先打后补"是指符合相关条件的规模养殖场可先自主采购强制免疫疫苗，自行开展强制免疫，经各级动物疫控中心组织开展免疫评估确认后给予经费补贴政策。根据《农业农村部办公厅关于深入推进动物疫病强制免疫补助政策实施机制改革的通知》《湖南省规模养殖场户强制免疫"先打后补"工作方案（2022—2025年）》等要求，湖南省采取规模养殖场自行免疫、向动物防疫社会化服务组织购买服务等多种形式，全面推进强制免疫"先打后补"工作。

二、动物疫病强制免疫评估及其处置

动物疫病强制免疫评估是指县级以上地方人民政府农业农村主管部门对本行政区域的动物疫病强制免疫计划实施情况和效果进行评估。根据《动物防疫法》第十八条的规定："应当定期对本行政区域的强制免疫计划实施情况和效果进行评估”，评估结果也是实施动物疫病强制免疫补助工作和处罚的依据。根据《动物防疫法》的规定和我省推进强制免疫工作实际，本条对如何落实部门监管职责、确保免疫密度和免疫质量进行了具体规定。

（一）部门职责

县级以上地方人民政府农业农村主管部门要依法开展强制免疫评估工作，采取常规监测、随机抽检等方式，了解掌握本行政区内强制免疫实施情况和抗体水平，对免疫的副反应、抗体水平不达标、免疫失败等情况及时进行调查处理。

动物疫病预防控制机构要结合年度疫病监测计划实施，组织制定动物疫病强制免疫效果监测和评价方案，加大免疫效果监测力度，定期对辖区内强制免疫实施情况和免疫效果进行评估，及时完成监测评估结果的汇总、分析和上报。要加强技术培训和指导，提高免疫效果评估技术能力，确保免疫效果评估工作质量。

（二）评估的内容与要求

动物疫病强制免疫评估的主要内容是对免疫的密度和质量进行评估。根据国家动物疫病强制免疫计划，饲养动物的单位和个人应当按要求开展动物疫病强制免疫工作，确保达到规定的免疫密度和免疫抗体合格率标准，具体为高致病性禽流感、口蹄疫、小反刍兽疫的群体免疫密度应常年保持在90%以上，应免畜禽免疫密度应达到100%，高致病性禽流感、口蹄疫和小反刍兽疫免疫抗体合格率应常年保持在70%以上。国家动物疫病强制免疫计划还对有关免疫抗体检测方法以及免疫合格个体、免疫合格群体的判定标准进行了规定。

（三）处罚措施

根据《动物防疫法》第九十二条的规定，对饲养的动物未按照动物疫病强制免疫计划或者免疫技术规范实施免疫接种的，由县级以上地方人民政府农业农村主管部门责令限期改正，可以处一千元以下罚款；逾期不改正的，处一千元以上五千元以下罚款，由县级以上地方人民政府农业农村主管部门委托动物诊疗机构、无害化处理场所等代为处理，所需费用由违法行为人承担。

饲养动物的单位和个人按照动物疫病强制免疫计划或者免疫技术规范实施免疫接种，但未达到免疫质量和密度要求的，应进行补充免疫接种，对动物个体差异等原因造成补充免疫接种后仍不符合免疫质量要求的，应当按照国家有关规定处理。

三、动物上市交易的规定

根据《动物检疫管理办法》第十四条规定，出售或者运输的动物，经检疫符合“按照规定进行了强制免疫，并在有效保护期内”的要求，才能出具检疫证明，方可上市交易。经过强制免疫后附有检疫证明的动物才能上市交易，可以更好地促进养殖业发展、提高养殖生产效益、降低动物疫病危害，从源头保障动物产品质量安全和人民群众生命健康安全。

第五条 【狂犬病免疫管理】

县级以上人民政府农业农村主管部门应当按照合理布局、方便接种的原则设置狂犬病免疫点。

狂犬病免疫点应当在醒目位置悬挂免疫点标牌，独立设置免疫室或免疫区；对犬只实施免疫接种，应当建立免疫档案，记录相关信息，出具免疫证明。

犬只饲养者应当履行狂犬病疫苗的免疫接种义务，取得狂犬病免疫证明，加施免疫标识。

鼓励对饲养的猫实施狂犬病免疫。

推进对饲养的其他宠物实施免疫接种。

【解读】本条是关于狂犬病免疫点设置、免疫接种和犬猫免疫管理的规定，旨在落实《动物防疫法》第三十条关于犬和猫防疫管理的规定，进一步细化狂犬病免疫点的设置要求和业务规范，并就犬只饲养者责任以及对猫和其他动物实施免疫接种进行规定。

一、规范狂犬病免疫点的设置

狂犬病是一种急性致死性人畜共患传染病，病死率高达100%。世界动物卫生组织将狂犬病列入必须报告的病种，必须重视犬只狂犬病防控。

对犬只实施狂犬病免疫是预防、控制和消灭狂犬病的关键措施。《农业农村部关于印发〈全国畜间人兽共患病防治规划（2022—2030年）〉的通知》指出，狂犬病的重点防治措施是“严格实施犬只免疫”，要求各地“指导犬只饲养单位和个人要切实履行法定义务，定期为犬只接种狂犬病疫苗，确保构筑有效免疫屏障”。

狂犬病免疫点是指具备相关资质以及与免疫接种相适应并符合动物防疫条件的场所、兽医人员、兽医器械和设备等条件的单位和机构。《动物防疫法》第三十条第五款规定：“饲养犬只防疫管理的具体办法，由省、自治区、直辖市制定。”本条明确了县级以上人民政府农业农村主管部门应当按照合理布局、方便接种的原则，在人口密集的街道和社区设置狂犬病免疫点，以加强对狂犬病的免疫工作，严格落实犬只免疫的预防措施。

《动物诊疗机构管理办法》第十七条规定：“动物诊疗机构应当依法从事动物诊疗活动，建立健全内部管理制度，在诊疗场所的显著位置悬挂动物诊疗许可证。”第二十一条规定：“动物诊疗机构兼营动物用品、动物饲料、动物美容、动物寄养等项目的，兼营区域与动物诊疗区域应当分别独立设置。”实际工作中，狂犬病免疫点通常设置于动物诊疗机构中，由动物诊疗机构对犬只实施狂犬病疫苗免疫接种。因此本条规定，狂犬病免疫点应当在醒目位置悬挂免疫点标牌，独立设置免疫室或免疫区，同时其在对犬只实施疫苗接种时，应当建立免疫档案，记录相关信息，出具免疫证明。

二、落实犬只饲养者的责任

《动物防疫法》第三十条第一款规定：“单位和个人饲养犬只，应当按照规定定期免疫接种狂犬病疫苗，凭动物诊疗机构出具的免疫证明向所在地养犬登记机关申请登记。”对犬只进行狂犬病免疫是饲养者作为动物防疫主体的法定义务和社会责任，所有饲养犬只的单位和个人都应当按要求对犬只进行免疫接种，取得动物诊疗机构出具的狂犬病免疫证明，该证明应载明犬主、犬只、疫苗批号、免疫接种时间、加强免疫时间、犬只免疫标识编号、免疫操作人员等信息，并加施当地统一规定的免疫标识。此外，养犬登记机关在养犬登记时，也会对狂犬病免疫证明进行查验，未经免疫或无有效免疫证明的犬只不予登记。

三、鼓励对饲养的猫及其他动物进行免疫

犬、猫都是狂犬病易感动物。狂犬病毒通常存在于患病动物的脑内，会通过唾液及血液传染，也会因为舔舐伤口传染给人。由于饲养的猫也会携带狂犬病毒，进而传染给人，因此鼓励对饲养的猫实施狂犬病免疫有利于狂犬病的整体防疫。

传统的宠物是指哺乳纲或鸟纲的动物。人类饲养其用于玩赏或做伴，以满足一定的心理需求。随着时代的发展，宠物的范围在不断扩大。除犬、猫狂犬病外，禽流感、链球菌病、炭疽、布鲁氏菌病、结核病、口蹄疫、登革热、黄热病、流行性乙型脑炎、钩端螺旋体病、血吸虫病、肝片吸虫病等也是较为常见的人畜共患病。其他宠物所携带的人畜共患病也应当加强预防。因此本条提出要推进对饲养的其他宠物实施相关病种的免疫接种。

第六条 【防疫条件】

动物饲养场、动物隔离场所、动物屠宰加工场所以及动物和动物产品无害化处理场所选址应当符合国家规定的动物防疫条件。县级以上人民政府自然资源主管部门和乡镇人民政府、街道办事处在对上述场所建设项目依法进行建设项目用地规划许可或者设施农业用地备案时，应当征求农业农村主管部门的意见。

前款规定的场所应当向所在地县级人民政府农业农村主管部门报告动物防疫制度年度执行情况和防疫条件变化情况，并接受其监督检查。

【解读】本条是关于动物防疫条件的规定，旨在落实《动物防疫法》第二十四条动物防疫条件、第二十五条动物防疫条件审查制度的规定，结合《动物防疫条件审查办法》的内容，根据本省实际情况，明确了动物饲养场、动物隔离场所、动物屠宰加工场所以及动物和动物产品无害化处理场所选址时应当征求农业农村主管部门的意见，并对动物防疫制度年度执行情况和防疫条件变化情况进行年度报告。

一、场所防疫条件

根据《动物防疫法》第二十四条规定，动物饲养场和隔离场所、动物屠宰加工场所以及动物和动物产品无害化处理场所，应当符合下列动物防疫条件：

(1)场所的位置与居民生活区、生活饮用水水源地、学校、医院等公共场所的距离符合国务院农业农村主管部门的规定；

(2)生产经营区域封闭隔离，工程设计和有关流程符合动物防疫要求；

(3)有与其规模相适应的污水、污物处理设施，病死动物、病害动物产品无害化处理设施设备或者冷藏冷冻设施设备，以及清洗消毒设施设备；

(4)有与其规模相适应的执业兽医或者动物防疫技术人员；

(5)有完善的隔离消毒、购销台账、日常巡查等动物防疫制度；

(6)具备国务院农业农村主管部门规定的其他动物防疫条件。

动物和动物产品无害化处理场所除应当符合前款规定的条件外，还应当具有病原检测设备、检测能力和符合动物防疫要求的专用运输车辆。

《动物防疫条件审查办法》进一步细化了上述条件的内容。

二、动物防疫条件审查选址风险评估

为优化动物防疫条件审查工作，《湖南省农业农村厅关于印发〈湖南省动物防疫条件审查选址风险评估暂行办法〉的通知》做了以下规定。

兴办动物饲养场、养殖小区、动物隔离场所、动物屠宰加工场所以及动物和动物产品无害化处理场所(以下简称“兴办场所”)选址，适用《湖南省动物防疫条件审查选址风险评估暂行办法》进行动物防疫条件审查选址风险评估(以下简称“风险评估”)。风险评估由《动物防疫条件合格证》发证机关负责组织实施。发证机关应组建风险评估专家库。风险评估专家库由畜禽养殖、动物防疫、动物卫生监督、动物流行病学调查等方面专家组成。

需要开展风险评估的兴办场所，应当提交以下资料：项目选址概况(选址地点、周边与动物防疫条件审查有关场所分布距离以及天然屏障)；项目初步设计方案(养殖畜禽品种、设计规模、饲养模式、畜禽排泄物等废弃物处理工艺技术等)；动物防疫措施(重点说明人工屏障等)。

发证机关组织风险评估时，从风险评估专家库中随机抽取 3 名以上专家(单数)组成专家组。专家组实行组长负责制，风险评估采用书面资料审查和现场勘查等方式同时进行。

专家组开展风险评估时，勘查选址周边是否存在与动物防疫相关的场所以及实际距离；勘查选址与周边相关场所间是否有天然屏障或者人工屏障；评估生产经营或从业内容与周边相关场所的动物疫病易感相关性。专家组根据综合评估，提出评估意见，作出评估结论，形成综合评估报告，交发证机关存档。

“天然屏障”是指兴办场所选址周围天然存在的具有动物防疫隔离功能的山脉、丘陵、沟壑、自然林带，或者河流、湖泊等屏障；“人工屏障”是指兴办场所时，出于动物防疫隔离需要而人工建设的实体围墙、防疫沟壑、绿化隔离带等屏障。

三、场所选址时应当征求意见

为达到动物防疫条件，《动物防疫法》《动物防疫条件审查办法》对相关场所的选址条件做了要求。当前，部分场所没有事前做好选址工作就直接规划建设，建设完成之后因选址不符合动物防疫的要求而无法使用，造成重大浪费。为避免类似情况的发生，本条规定县级以上人民政府自然资源主管部门和乡镇人民政府、街道办事处在对上述场所建设项目依法进行建设项目用地规划许可或者设施农业用地备案时，应当征求农业农村主管部门的意见，来提高选址的科学性和合理性。

对于征求意见出具的内容，县级以上农业农村主管部门应当针对与选址有关的动物防疫条件提出意见，旨在满足《动物防疫法》《动物防疫条件审查办法》的要求。

四、湖南省新建、改扩建生猪养殖场申办相关要求

生猪养殖场应当符合下列动物防疫条件，才能取得动物防疫条件合格证：

(1)选址、布局符合动物防疫要求，生产区与生活区分开，并有隔离设施；

(2)畜(禽)舍的设计、建筑符合动物防疫要求，采光、通风和污物、污水排放设施齐全，生产区清洁道和污染道分设；

(3)有相对独立的引入动物隔离舍和患病动物隔离圈舍，有与生产规模相适应的无害化处理、污水污物处理设施设备；

(4)有与其养殖规模相适应的执业兽医或者乡村兽医，配备相应防疫设备和兽医室，或者有兽医机构提供服务；

(5)场区入口设有消毒设施、设备，场区出入口设置与门同宽约长4米、深0.3米以上的消毒池；

(6)饲养、防疫等人员无人畜共患病；

(7)免疫、用药、检疫申报、疫情报告、消毒、无害化处理、畜禽标识等防疫制度健全。

各类种猪场的动物防疫条件应符合国家和湖南省有关法律、行政法规的特别规定。

五、动物防疫制度年度执行情况和防疫条件变化情况报告

《动物防疫条件审查办法》对动物防疫制度年度执行情况和防疫条件变化情况进行了明确，县级以上地方人民政府农业农村主管部门依照《动物防疫法》和《动物防疫条件审查办法》以及有关法律、法规的规定，对《动物防疫条件审查办法》第二条所列场所的动物防疫条件实施监督检查，有关单位和个人应当予以配合，不得拒绝和阻碍。推行动物饲养场分级管理制度，根据规模、设施设备状况、管理水平、生物安全风险等因素采取差异化监管措施。取得动物防疫条件合格证后，变更场址或者经营范围的，应当重新申请办理，同时交回原动物防疫条件合格证，由原发证机关予以注销。变更布局、设施设备和制度，可能引起动物防疫条件发生变化的，应当提前三十日向原发证机关报告。发证机关应当在十五日内完成审查，并将审查结果通知申请人。变更单位名称或者法定代表人(负责人)的，应当在变更后十五日内持有效证明申请变更动物防疫条件合格证。动物饲养场、动物隔离场所、动物屠宰加工场所以及动物和动物产品无害化处理场所，应当在每年三月底前将上一年的动物防疫条件情况和防疫制度执行情况向县级人民政府农业农村主管部门报告。

第七条 【休市消毒】

经营动物和动物产品的集贸市场按照国家规定实施休市、消毒制度。市场开办者和经营者应当根据制度要求休市、清洗和消毒，并在休市之日前三日向社会公告。

承运人应当对运输动物的车辆及装载用具进行清洗和消毒；未经清洗和消毒的运输车辆不得驶离经营动物和动物产品的集贸市场。

动物屠宰加工场所应当每日清空活体动物及其排泄物，并对场地清洗、消毒。

县级以上人民政府应当根据本地动物防疫、城市管理等情况，决定在城市特定区域禁止家畜家禽活体交易；可以根据动物疫病风险评估结果，在动物疫病高发期等特定时期，禁止家畜家禽活体交易。

【解读】本条是关于动物、动物产品经营、加工场所休市消毒，动物运输设施清洗消毒，以及特定条件下禁止家畜家禽活体交易的规定，旨在落实《动物防疫法》第二十六条集贸市场防疫管理、第五十二条动物和动物产品运输管理的规定，结合《动物防疫条件审查办法》的内容，细化了经营动物和动物产品的集贸市场的防疫要求、承运人在集贸市场的防疫规定，明确了动物屠宰加工场所的防疫要求，以及授权县级以上人民政府在特定区域、特定时期禁止家畜家禽活体交易。

一、集贸市场休市消毒制度

研究发现，经营动物和动物产品的集贸市场由于畜禽高度聚集、来源复杂、流动频繁，往往成为高致病性禽流感等重大动物疫病发生与传播的高风险场所。一旦禽流感病毒、非洲猪瘟病毒、布鲁氏菌等随着畜禽进入市场，可在畜禽间传播，并迅速污染市场环境。据调查，活禽交易市场是人感染禽流感的高危场所。活禽市场中感染禽流感病毒的家禽越多，外环境的污染情况越严重，人感染禽流感的风险就越高。有研究表明：活禽市场关闭后2~3天内人感染H7N9禽流感的风险迅速下降，关闭活禽市场使城市居民的感染风险降低了97%~99%。《国家卫生计生委办公厅关于印发人感染H7N9禽流感疫情防控方案(第三版)的通知》和《湖南省活禽经营市场H7N9禽流感应急处置指南(试行)》，明确要求在活禽市场实施“一日一清洗，一周一消毒，一月一休市”措施。“一日一清洗”是指经营市场每天收市后对禽类存放、宰杀、销售摊位等场所，以及笼具、宰杀器具等用具进行清洗，并配合市场主办方实施消毒和废弃物的无害化处理；“一周一消毒”是指每周用物理、化学、生物的方法杀灭或消除染疫动物及环境中的病原体；“一月一休市”是指县级以上人民政府组织有关部门建立活畜禽经营市场定期休市制度，在休市或轮休期间，将尚未能销售完的家禽在市场内集中宰杀，对活禽经营场所、活禽笼具、宰杀器具等进行彻底的清洗消毒，并对市场外环境开展彻底的清洁消毒，对出入车辆及时清洗、消毒，收集废弃物和死亡禽类，并按照有关规定进行无害化处理，可大大降低市场外环境的病毒量，减少人感染的风险。

《活禽经营市场高致病性禽流感防控管理办法》明确要求活禽经营市场实行休市消毒或市场区域轮休消毒制度。经营动物、动物产品的集贸市场未按照本条要求休市、清洗和消毒的，《实施办法》在第二十一条第一项设置了罚则：“经营动物、动物产品的集贸市场未按照本办法要求休市、清洗和消毒的，责令改正；拒不改正的，处三千元以上一万元以下罚款；情节严重的，处一万元以上三万元以下罚款。”

二、动物运输车辆及装载用具清洗消毒

动物运输车辆及装载用具流动性大、接触面广，有可能携带一些对动物和人体有害的病原微生物，如果不采取清洗、消毒、烘干等措施，极容易造成疫病的传播，危害畜禽养殖和公共安全。因此，《实施办法》明确承运人应当对运输动物的车辆及装载用具进行清洗和消毒，在动物运输车辆及装载用具装载前和卸载后，自行或委托车辆清洗消毒场所对其进行清洗消毒，有效切断通过车辆运输传播病原。非洲猪瘟病毒具有高度接触传染性，未进行清洗、消毒的车辆，若检出非洲猪瘟病毒核酸阳性，证明车辆之前已被病毒污染过，必须对动物运输车辆及装载用具采取限制措施，不得驶离经营动物和动物产品的集贸市场，否则有传播动物疫情风险。

三、畜禽屠宰加工场所清洗消毒

畜禽屠宰加工场所是动物疫病防控重点场所之一。畜禽屠宰加工场所大量收购不同产地的畜禽，且跨地区长途运输，畜禽抵抗力弱，具有发生动物疫情风险。畜禽屠宰加工场所要求待宰畜禽到场后不过夜，当天全部屠宰清空，清空后及时清理待宰间的动物排泄物，并对场地进行严格的清洗消毒。严格实施清洗和消毒措施，可以有效阻断动物疫情传播。

四、特定区域、特定时期禁止家畜家禽活体交易

经营活体畜禽的交易市场是动物疫病防控的重要环节，一些交易市场人流、物流较大，卫生条件较差，且活体畜禽来源复杂，极易造成高致病性禽流感、猪链球菌病、布鲁氏菌病等人畜共患病的传播扩散。县级以上人民政府需要统筹考虑城市规划建设和居民住宅区、公共场所、旅游景区等人口密集区情况，结合动物疫病风险评估结果，合理确定禁止区域，组织农业农村、市场监管、卫生健康等部门加强对经营市场的监督检查，对其经营活动的全过程实施

严格监管，凡不具备市场开办条件的，要责令其暂停经营，限期整改；整改后仍不符合要求的，要予以关闭。除城市特定区域外，县级以上人民政府需要统筹考虑实际情况，在动物疫病高发期等特定时期，要禁止家畜家禽活体交易，督促家畜家禽交易市场严格落实休市、清洗和消毒等措施。

第八条 【动物疫病净化】

动物饲养场应当按照动物疫病净化计划和净化方案进行动物疫病净化。

【解读】本条是关于动物疫病净化的规定，旨在落实《动物防疫法》第二十二条动物疫病净化、消灭计划的规定，实现“预防为主，预防与控制、净化、消灭相结合”的防疫方针，推动动物疫病从有效控制并向逐步净化消灭转变。此外，本条还涉及《动物防疫法》第二十一条无规定动物疫病区和无规定动物疫病生物安全隔离区的规定。

动物疫病区域化管理是控制动物疫病、保护动物卫生水平、促进动物产品国际贸易的重要动物卫生措施，实施区域化管理是我国防控动物疫病的有效途径。自2018年非洲猪瘟传入我国以来，开展动物疫病净化场和无疫小区创建，实施动物疫病区域化管理，提升养殖场生物安全管理水平和动物疫病防控能力，是我国防控动物疫病的重要措施。

一、动物疫病净化场建设

(一)政策背景

动物疫病净化是指有计划地在特定区域或场所对特定动物疫病，通过免疫、监测、检疫、隔离、消毒、淘汰、扑杀、无害化处理等一系列技术和管理措施，消灭和清除病原，最终达到并维持在该范围内动物个体不发病和无感染状态的过程。2021年农业农村部印发《关于推进动物疫病净化工作的意见》，明确了动物疫病净化的主要任务。2022年湖南省在《湖南省动物疫病净化工作实施方案》中明确了湖南省动物疫病净化的主要任务：“十四五”期间探索构建“种、场、区”相结合的动物疫病净化组织形式，推广垂直净化和水平净化、免疫净化和非免疫净化、单病种净化和多病种协同净化等多种净化模式，培育一批先进典型净化场，打造一批动物疫病净化品牌。自2022年以来湖南省大力推进动物疫病净化场创建工作，目前湖南省已建成省级净化场32个，国家级净化场5个。

国家鼓励、支持动物饲养者开展动物疫病净化，但是否开展动物疫病净化对饲养动物的单位和个人来说不属于强制性义务，饲养者有权自主决定是否开展动物疫病净化。湖南省目前以种畜禽场和规模畜禽场为重点，对确定开展动物疫病净化工作的饲养者，应根据其养殖模式、养殖动物种类、饲养用途、动物疫病流行状况等制定符合其实际的动物疫病净化方案，配合所在地动物疫病预防控制机构开展监测评估，更有针对性地做好净化工作。

（二）职能职责

县级以上地方人民政府在动物疫病净化消灭中主要承担两个方面的职责：一是根据国家动物疫病净化消灭规划，综合考虑本地区地理环境特征、动物养殖流通状况、动物疫病流行情况、动物疫病防控能力等各方面因素，组织制定本行政区域的动物疫病净化消灭计划，根据动物疫病流行状况和防控实际，科学确定实施净化消灭的动物疫病病种和区域范围，合理选择相关技术路线和管理措施。二是及时组织实施本行政区域动物疫病净化消灭计划，从机构队伍、体系建设、经费投入、基础设施建设等方面强化对动物疫病净化消灭工作的条件保障，组织开展本行政区域种畜禽场和规模化养殖场的动物疫病净化评估，及时发布评估结果，加强日常监管。

湖南省农业农村厅负责全省动物疫病净化工作，省动物疫病预防控制中心具体组织实施；成立动物疫病净化工作领导小组，负责全省动物疫病净化工作的组织领导、政策制定和工作推进；组建培训评估专家技术队伍，集成推广动物疫病净化技术；制定湖南省动物疫病净化场评估技术规范，具体组织实施省级动物疫病净化场的评估和国家级动物疫病净化场的申报，国家级、省级动物疫病净化场分别由农业农村部、湖南省农业农村厅挂牌；市(州)农业农村主管部门(畜牧水产事务中心)负责本辖区动物疫病净化工作，明确责任机构和分工安排。

动物疫病预防控制机构在动物疫病净化消灭中主要发挥技术支撑作用，承担技术指导职责：一是协助制定动物疫病净化计划及其实施方案，确定技术路线和管理措施；二是对开展动物疫病净化的养殖场开展技术指导、咨询和培训，指导养殖场科学规范开展动物疫病净化方案；三是对动物疫病净化效果定期开展监测评估，及时了解掌握净化效果，根据监测评估情况及时提出调整完善建议。

(三)评估要求

根据《农业农村部关于推进动物疫病净化工作的意见》的规定，通过省级以上评估的动物疫病净化场，优先纳入国家动物疫病无疫区和无疫小区建设评估范围。湖南省净化场的评估根据《湖南省农业农村厅关于印发〈湖南省动物疫病净化场评估管理指南(2022 版)〉的通知》和《动物疫病净化场评估技术规范(2023 版)》标准实施。

1. 评估范围

主要动物疫病净化效果的评估适用于种猪场、种鸡场、种牛场、奶牛场、种羊场、种公猪站、种公牛站和规模养殖场(不含种畜禽场、奶畜场)。包括：猪伪狂犬病、猪瘟、猪繁殖与呼吸综合征、口蹄疫、非洲猪瘟、禽白血病、鸡白痢、新城疫、支原体病、高致病性禽流感、布鲁氏菌病、牛结核病净化应达到的标准，抽样方案及现场综合审查要点。未涉及的场点类型的主要疫病净化评估标准，应结合动物疫病净化工作进展情况持续完善。

2. 评估程序

评估专家组根据《动物疫病净化场评估技术规范(2023 版)》要求逐项进行现场评审、监督采样，如实记录检查结果和存在的问题，并依据现场评审和检测结果，提出评估意见。评估意见分为通过、限期整改和不通过三种。限期整改的养殖场应及时(不超过3个月)完成整改，并将整改报告和佐证资料报现场评估专家组。评估专家组对整改报告进行审核，必要时可再次进行现场评审，提出通过或不通过的评估意见。

专家组应及时报告评估结果，由省农业农村厅发文予以确认并公布。自公布之日起，省级动物疫病净化场的有效期：种畜禽场、奶畜场为5年，规模养殖场(不含种畜禽场、奶畜场)为3年。动物疫病净化场应按照统一制式悬挂牌匾。省级动物疫病净化场到期前6个月以上提出复评估申请，复评按初评程序执行。

3. 评估结果

各级动物疫病预防控制机构按照动物疫病监测计划对省级净化场开展定期或不定期抽检，发现不符合净化标准的，应及时将结果报送省动物疫病净化工作领导小组办公室，并提出是否取消其省级动物疫病净化场资格的建议。各级农业农村主管部门要落实属地管理责任，对辖区内动物疫病净化场开展防疫管理检查，对管理不到位且整改不合格的省级净化场，应及时将情况报送省动物疫病净化工作领导小组办公室，并提出是否取消其省级动物疫病净化场资格的建议。省动物疫病净化工作领导小组办公室收到取消省级动物疫病净化场资格的建议后，经专家评审后报领导小组取消其省级动物疫病净化场资格。被取消资格的两年内不得重新申报。

二、无规定动物疫病生物安全隔离区(无疫小区)建设

(一)政策背景

无规定动物疫病生物安全隔离区(又称无疫小区)，是指处于同一生物安全管理体系下，在一定期限内没有发生规定的一种或者几种动物疫病的若干动物饲养场及其辅助生产场所构成的，并经验收合格的特定小型区域。无规定动物疫病生物安全隔离区的建设主体是养殖企业。养殖企业按照《无规定动物疫病小区评估管理办法》《无规定动物疫病小区管理技术规范》等相关规定，开展无规定动物疫病生物安全隔离区建设，将动物饲养场所及其辅助生产场所纳入统

一的生物安全管理体系。目前，我省主要开展非洲猪瘟无疫小区创建。

自2020年以来，湖南省高度重视非洲猪瘟无疫小区创建工作，按照农业农村部的部署，科学布局，多措并举，根据“启动一批、评估一批、储备一批、带动一批”的总体思路，全力推进非洲猪瘟无疫小区创建，全面提升生猪养殖场生物安全防护水平，打造湖南特色的非洲猪瘟常态化防控模式，扎实筑牢动物防疫生物安全屏障。根据《农业农村部办公厅关于加快推进非洲猪瘟无疫区和无疫小区建设及评估工作的通知》，湖南省农业农村厅制定了《湖南省非洲猪瘟无疫小区创建工作实施方案》，成立了湖南省动物卫生风险评估专家委员会，科学、规范实施无疫小区评估工作。至2023年底，湖南省已建成并通过国家级现场评审的非洲猪瘟无疫小区共计23个。

（二）职能职责

（1）省级部门。省农业农村厅主管全省非洲猪瘟等重大动物疫病区域化管理工作，负责组建省级动物卫生风险评估专家委员会；省畜牧水产事务中心负责制定非洲猪瘟无疫小区创建实施方案，受理养殖企业创建无疫小区申请，组织开展省级自评估工作；省动物疫病预防控制中心负责制定非洲猪瘟无疫小区创建评估方案，做好无疫小区建设技术指导、监督监测等工作，协助做好评估相关工作。

（2）市县部门。创建的非洲猪瘟无疫小区所在市（县）畜牧兽医部门，负责牵头组织实施畜牧兽医部门具体建设工作以及综合协调评估等工作。按照全程监管、风险管理的原则，制定完善的监管制度和程序，对非洲猪瘟无规定小区进行日常监管。

（3）创建企业。负责实施非洲猪瘟无疫小区建设及生物安全管理工作。遵循良好饲养管理规范的原则要求，实施健康养殖，按照《畜禽标识和养殖档案管理办法》规定对畜禽进行标识，对所有生产环节中的畜禽及其产品、饲料、兽药等投入品实施可追溯管理。病害畜禽及废弃物处理设施条件、无害化处理应当符合生物安全和环保要求。

（三）评估要求

无疫小区评估要求较高，创建对象应为独立法人实体、企业集团，以生物安全水平较高、创建意愿较强的养殖企业为主。根据《全国动物卫生风险评估专家委员会办公室关于印发〈无规定动物疫病小区和无规定动物疫病区评估工作实施方案(2022年版)〉的通知》等相关要求,省级农业农村主管部门组织实施无疫小区评估,申报并通过国家评估,经公告后,进行授牌。评估通过后要按照有关要求继续开展监督抽查和日常监管,以维持无疫小区状态,否则将予以摘牌。以非洲猪瘟无疫小区为例,具体创建评估要求如下。

1. 创建申请

有意愿且基本符合非洲猪瘟无疫小区创建条件的企业制定建设规划,并向所在地的县级畜牧兽医主管部门申请。县级畜牧兽医主管部门对照《无规定动物疫病小区管理技术规范》进行资格审核后,逐级上报至湖南省农业农村厅审核。湖南省农业农村厅委托湖南省畜牧水产事务中心组织相关专家和人员进行书面和现场审核后,对符合建设条件的企业,予以同意建设批复。

2. 创建实施

获得批复的企业按照有关建设规划,逐项对照《无规定动物疫病小区管理技术规范》和《无规定动物疫病小区评估管理办法》要求,完善相关工作制度、设施设备条件等,实施非洲猪瘟无疫小区建设。非洲猪瘟无疫小区所在县畜牧兽医部门按照有关要求开展监管和监测工作。

3. 评估申请

非洲猪瘟无疫小区建成并符合《无规定动物疫病小区管理技术规范》要求的,由企业填报评估申请书,向所在地县级畜牧兽医主管部门提交评估申请。县级畜牧兽医主管部门对申请书格式、内容及无规定动物疫病状况报告等审核合格后,连同县级畜牧兽医机构监管情况报告,经市级畜牧兽医主管部门审核同意后报湖南省农业农村厅。

4. 省级评估

湖南省动物卫生风险评估专家委员会办公室收到企业的评估申请书,受理并开展评估，在监测实施和结果符合无疫小区标准，且省级抽检结果均为阴性后，及时组织省级评估专家组开展书面评审和现场评审。省级评估专家组按照《无规定动物疫病小区现场评审要素判定原则》及相关规定进行评估，并形成评估报告。对评审结果为“不予通过”的，书面告知申请单位；对评审结果为“整改后通过”的，书面告知申请单位，并督促其限期整改，整改后视情况进行核查，给予“通过”或“不通过”的评估结论。

5. 国家评估

省级评估结果为“通过”的，由湖南省农业农村厅向农业农村部提出评估申请，按照农业农村部有关工作要求开展相关工作。全国动物卫生风险评估专家委员会办公室组建国家评估专家组，开展书面评审和现场评审。现场评审通过的，报委员会审议，审议通过后，由农业农村部按照有关规定对外公布和通报最终评估结果。

三、无规定动物疫病区(无疫区)建设

无规定动物疫病区(又称无疫区)是指具有天然屏障或者采取人工措施，在一定期限内没有发生规定的一种或者几种动物疫病，并经验收合格的区域。无规定动物疫病区分为免疫无疫区和非免疫无疫区。推动有条件的地区开展以促进动物及其产品安全贸易、保障公共卫生安全为目标的无疫区建设，是从源头入手、以目标为导向，着力促进畜牧产业转型升级、强农富民的具体举措。

根据《动物防疫法》第二十一条的规定，省级人民政府农业农村主管部门应当根据本行政区域畜禽养殖、疫病发生等情况，制定无疫区建设方案，报省级人民政府批准后实施，即无疫区的建设主体是省级人民政府，由其负责制定无疫区建设方案，确定建设范围和建设病种，组织实施无疫区建设、管理和评估工作。无疫区建设是一项系统工程，除省级人民政府农业农村主管部门这一实施主体外，还涉及发展改革、财政、交通运输、林业和草原等多个部门，省级人民政府需要统筹推进无疫区建设相关工作。

第九条 【可疑和疑似重大动物疫情处置】

对发生可疑和疑似重大动物疫情的相关场点，所在地县级以上人民政府农业农村、林业等主管部门和乡镇人民政府应当按照国家有关规定立即组织采取隔离观察、采样检测、流行病学调查、限制易感动物及相关物品进出、环境消毒等措施，并及时上报。必要时，县级以上人民政府可以对发生疑似重大动物疫情的相关场点作出封锁决定，采取扑杀、销毁等措施，并合理给予补偿。

【解读】本条是关于可疑和疑似重大动物疫情应急处置的规定，旨在落实《动物防疫法》第三十一条动物疫情报告、第三十二条动物疫情认定、第三十三条动物疫情通报、第八十五条动物防疫补偿及《重大动物疫情应急条例》的相关规定，明确了在发生可疑和疑似重大动物疫情时应急处置的责任主体和应采取的具体措施。

一、重大动物疫情的认定

动物疫情是指动物疫病的发生、发展情况。动物疫情认定，是指县级以上人民政府的农业农村主管部门在科学诊断和流行病学调查基础上，对动物疫情进行确认的行政行为。根据《动物防疫法》第三十二条第二款规定，重大动物疫情是指“一、二、三类动物疫病突然发生，迅速传播，给养殖业生产安全造成严重威胁、危害，以及可能对公众身体健康与生命安全造成危害的情形”。其中一、二、三类动物疫病病种的具体名录可参见 2022 年 6 月公布的《一、二、三类动物疫病病种名录》。

（一）重大动物疫情的认定主体

《动物防疫法》第三十二条第一款规定："动物疫情由县级以上人民政府农业农村主管部门认定；其中重大动物疫情由省、自治区、直辖市人民政府农业农村主管部门认定，必要时报国务院农业农村主管部门认定。"动物疫情由政府农业农村主管部门认定是国际通行做法。动物疫情认定的准确性关系到社会稳定和国际影响，尤其是非洲猪瘟、高致病性禽流感等重大动物疫情的认定必须坚持科学审慎的态度。动物疫情由县级以上人民政府农业农村主管部门认定，其中重大动物疫情由省、自治区、直辖市人民政府农业农村主管部门认定，必要时报国务院农业农村主管部门认定。"必要时"的情形，由国务院农业农村主管部门规定或决定。目前，根据动物疫病的危害程度，参照国际惯例，高致病性禽流感、非洲猪瘟以及新发病和外来病引发的重大动物疫情由农业农村部认定。

（二）重大动物疫情的确诊与认定程序

《农业农村部关于做好动物疫情报告等有关工作的通知》（农医发〔2018〕22号）规定，疑似发生口蹄疫、高致病性禽流感和小反刍兽疫等重大动物疫情的，由县级动物疫病预防控制机构负责采集或接收病料及其相关样品，并按要求将病料样品送至省级动物疫病预防控制机构。省级动物疫病预防控制机构应当按有关防治技术规范进行诊断，无法确诊的，应当将病料样品送相关国家兽医参考实验室进行确诊；能够确诊的，应当将病料样品送相关国家兽医参考实验室作进一步病原分析和研究。

以非洲猪瘟为例，《农业农村部关于印发〈非洲猪瘟疫情应急实施方案（第五版）〉的通知》（农牧发〔2021〕7号）规定，任何单位和个人，发现生猪、野猪出现疑似非洲猪瘟症状或异常死亡等情况，应立即向所在地农业农村主管部门或动物疫病预防控制机构报告，有关单位接到报告后应立即按规定采取必要措施并上报信息，按照"可疑疫情—疑似疫情—确诊疫情"的程序认定和报告疫情。

1. 可疑疫情

县级以上动物疫病预防控制机构接到信息后，应立即指派两名中级以上技术职称人员到场，开展现场诊断和流行病学调查，符合《非洲猪瘟诊断规范》可疑病例标准的，应判定为可疑病例，并及时采样送检。县级以上地方人民政府农业农村主管部门应根据现场诊断结果和流行病学调查信息，认定可疑疫情。

2. 疑似疫情

可疑病例样品经县级以上动物疫病预防控制机构实验室，或经省级人民政府农业农村主管部门认可的第三方实验室检出非洲猪瘟病毒核酸呈阳性的，应判定为疑似病例。县级以上地方人民政府农业农村主管部门根据实验室检测结果和流行病学调查信息，认定疑似疫情。

3. 确诊疫情

疑似病例样品经省级动物疫病预防控制机构复检，或经县级农业农村主管部门授权的地市级动物疫病预防控制机构实验室复检，检出非洲猪瘟病毒核酸呈阳性的，应判定为确诊病例。有条件的省级动物疫病预防控制机构应有针对性地开展病原鉴别检测。农业农村主管部门根据确诊结果和流行病学调查信息，认定确诊疫情；疫区、受威胁区涉及两个以上省份的疫情，由农业农村部认定。

二、动物疫情报告制度

（一）动物疫情责任报告人

《动物防疫法》第三十一条规定："从事动物疫病监测、检测、检验检疫、研究、诊疗以及动物饲养、屠宰、经营、隔离、运输等活动的单位和个人，发现动物染疫或者疑似染疫的，应当立即向所在地农业农村主管部门或者动物疫病预防控制机构报告，并迅速采取隔离等控制措施，防止动物疫情扩散。其他单位和个人发现动物染疫或者疑似染疫的，应当及时报告。接到动物疫情报告的单位，应当及时采取临时隔离控制等必要措施，防止延误防控时机，并及时按照国家规定的程序上报。”按照这条规定，负有动物疫情报告义务和责任的单位和个人，主要包括以下几类：

（1）从事动物疫病监测、检测的单位和个人。指从事动物疫病监测的各级动物疫病预防控制机构及其工作人员，以及其他从事动物疫病检测和诊断的单位及其工作人员等。

（2）从事动物检验检疫的单位和个人。指动物卫生监督机构及其工作人员，以及从事进出境动物检疫的单位及其工作人员等。

（3）从事动物疫病研究的单位和个人。指从事动物疫病研究的科研机构、大专院校及其工作人员等。

（4）从事动物诊疗的单位和个人。指动物医院、动物诊所和其他提供动物诊疗服务的机构，以及从事动物诊疗服务的执业兽医和乡村兽医等人员。

（5）从事动物饲养的单位和个人。指动物饲养场、畜禽散养户，以及饲养实验动物、观赏动物、宠物等动物的单位和个人。

（6）从事动物屠宰的单位和个人。指各种动物的屠宰厂（场）及其工作人员，以及在农村地区为农民自用动物提供屠宰服务的人员。

（7）从事动物经营的单位和个人。指在集贸市场等场所从事动物经营的单位和个人及其代理人。

（8）从事动物隔离的单位和个人。指用于隔离进出境动物，跨省、自治区、直辖市引进种用动物、乳用动物，输入无规定动物疫病区动物的隔离场所，以及其他隔离场所的开办者及其工作人员。

（9）从事动物运输的单位和个人。指经公路、水路、铁路、航空运输动物的单位和个人。

从责任报告人的主体看，既包括从事动物饲养、屠宰、经营、隔离、运输、诊疗的社会从业者，又包括从事动物疫病研究的科研院校，还包括从事动物疫病监测、检测、检疫的动物疫病预防控制机构、动物卫生监督机构、海关、野生动物保护管理机构。责任报告人以外的其他单位和个人，发现动物染疫或者疑似染疫的，按《动物防疫法》规定，也应报告动物疫情。

（二）动物疫情责任报告人的报告时机

根据《动物防疫法》第三十一条规定，发现动物染疫或者疑似染疫时，应及时按程序和要求报告。动物染疫是指动物患传染病；动物疑似染疫是指尚未确诊，但有症状表明动物可能染疫。动物疫病通常具有传染性强，易感动物发病率高，死亡率高，生产性能影响严重，以及可能对公众身体健康与生命安全造成危害等特点。动物疫病不仅事关发病动物个体，而且关乎公共卫生安全。以法律形式确定动物疫情的报告时机，是十分必要的，是疫情防控“早发现早报告”原则的重要体现。

“发现动物染疫或者疑似染疫”，是指动物疫情责任报告人发现动物出现法定报告疫病的典型临床症状或疑似临床症状，或者经实验室检测初步诊断为该动物疫病，或者具有动物疫病相关流行病学特点，或者存在发病急、连续发病、传播快、死亡率高或连续死亡、生产性能下降明显、常规治疗和防控措施无效等异常情况。

（三）动物疫情报告的接受主体和方式

与原《动物防疫法》规定的“向当地兽医主管部门、动物卫生监督机构或者动物疫病预防控制机构报告”不同，《动物防疫法》第三十一条规定，动物疫情责任报告人“向所在地农业农村主管部门或者动物疫病预防控制机构报告”，疫情报告接受主体明确为疫情报告人所在地的农业农村主管部门或者动物疫病预防控制机构。具体来说，就是县级农业农村主管部门及其派出机构（如区域畜牧兽医站、乡镇畜牧兽医站）或县（市、区）动物疫病预防控制中心。《动物防疫法》未明确报告的具体方式，可以采取电话、网络、现场等多种方式。为便于报告疫情，省市县三级农业农村主管部门和动物疫病预防控制机构可以向社会公布动物疫情报告电话和报告方式。

三、可疑和疑似重大动物疫情应急处置

(一)责任主体

重大动物疫情传播性强、传播速度快、疫情蔓延扩散风险高、应急处置难度大，为避免延误时机，《动物防疫法》在疫情处置方面赋予地方政府更大的自主权。对发生可疑和疑似重大动物疫情的相关场点，所在地县级以上人民政府农业农村、林业等主管部门和乡镇人民政府应及时采取隔离观察、采样检测、流行病学调查、限制易感动物及相关物品进出、环境消毒等处置措施，并按程序及时上报。在疫情报告期间，所在地县级以上人民政府根据动物疫情情况，经评估认为有必要果断处置的，可以对发生疑似重大动物疫情的相关场点，迅速作出封锁决定，并采取严格处置措施，对疑似染疫动物及同群动物、易感染动物进行扑杀，对疑似染疫或被污染的动物产品进行销毁，力争将损失降到最低。

(二)应采取的控制措施

鉴于动物疫情具有易传播、易扩散的特点，必须按“早、快、严、小”要求迅速采取防控措施，在疫情报告阶段有关人员根据职责分工应当采取下列控制措施：

一是责任报告人应当采取的措施。在报告的同时，应当采取将染疫、疑似染疫动物与其他动物隔离，对有关场所和设施设备消毒，不得出售、转移该场所动物等措施，防止动物疫情扩散。同时，应妥善保存病死动物，以便动物疫病预防控制机构进行检测诊断。

二是接到疫情报告的农业农村主管部门、动物疫病预防控制机构等应当采取的措施。在接到动物疫情报告后，应当立即组织动物防疫技术人员赶赴现场，对疫情发生发展情况进行调查和评估，迅速按有关规定及时采取必要的行政和技术控制处理措施，监督指导相关从业者落实染疫和疑似染疫动物隔离、暂停动物及动物产品移动、做好场所环境消毒、对病死动物和垫料等进行无害

化处理等应急控制措施，防止疫病进一步扩散；如果属于疑似重大动物疫情，为防止贻误防控时机，应当立即报请县级以上人民政府迅速采取更加严格的应急处置措施，把疫情控制在最小范围内，尽可能降低疫情传播的风险。

（三）按规定程序上报

动物疫情的上报，有利于上级机关及时掌握疫情动态，从宏观层面确定需采取的紧急预防控制措施。涉及重大动物疫情，及时按规定上报疫情更为重要。所以，所在地县级以上人民政府农业农村、林业等主管部门和乡镇人民政府必须严格按照《重大动物疫情应急条例》《农业农村部关于做好动物疫情报告等有关工作的通知》等国家规定的程序执行疫情上报规定，以免贻误时机造成疫情扩散、损失扩大、控制成本增大等不利后果。

动物疫情报告实行快报、月报和年报。有下列情形之一，应当进行快报：

（1）发生口蹄疫、高致病性禽流感、小反刍兽疫等重大动物疫情；

（2）发生新发动物疫病或新传入动物疫病；

（3）无规定动物疫病区、无规定动物疫病小区发生规定动物疫病；

（4）二、三类动物疫病呈暴发流行；

（5）动物疫病的寄主范围、致病性以及病原学特征等发生重大变化；

（6）动物发生不明原因急性发病、大量死亡；

（7）农业农村部规定需要快报的其他情形。

符合快报规定情形，县级动物疫病预防控制机构应当在 2 小时内将情况逐级报至省级动物疫病预防控制机构，并同时报所在地人民政府兽医主管部门。省级动物疫病预防控制机构应当在接到报告后 1 小时内，报本级人民政府兽医主管部门确认后报至中国动物疫病预防控制中心。中国动物疫病预防控制中心应当在接到报告后 1 小时内报至农业农村部畜牧兽医局。

四、强制扑杀动物、销毁动物产品的合理补偿

扑杀染疫和疑似染疫动物及其同群动物，或疫点、疫区内按照规定应扑杀易感染动物，销毁染疫或被污染的动物产品，是政府采取的强制性应急处理措

施，会对养殖者或经营者造成损失，因此给予当事人适当的经济补偿是一种必要的救济手段。这一政府行为有利于防控措施的顺利执行，有利于帮助当事人维持生活和恢复生产，从而在当事人的积极配合下迅速控制疫情。《动物防疫法》第八十五条规定，对在动物疫病预防和控制、扑灭过程中强制扑杀的动物、销毁的动物产品和相关物品，县级以上人民政府应当给予补偿。《重大动物疫情应急条例》第三十三条也规定，国家对疫区、受威胁区内易感染的动物免费实施紧急免疫接种；对因采取扑杀、销毁等措施给当事人造成的已经证实的损失，给予合理补偿。紧急免疫接种和补偿所需费用，由中央财政和地方财政分担。

第十条 【重大动物疫情、人畜共患传染病疫情处置】

县级以上人民政府应当完善防治重大动物疫病指挥机制，发生重大动物疫情和人畜共患传染病疫情时，及时启动应急预案，统一领导、指挥应急处置工作。

县级以上人民政府及其有关部门应当根据重大动物疫情应急预案或者专项方案，采取措施控制和扑灭动物疫情，并做好社会治安维护、人的疫病防治、肉食品供应以及动物、动物产品市场监管等工作。

发现动物携带人类传染病病原体的，县级以上人民政府农业农村主管部门应当制定相应动物处置方案，报本级人民政府批准实施；必要时，省人民政府可以决定采取暂停调运相关易感染动物等应急控制措施。

【解读】本条是关于重大动物疫情、人畜共患传染病疫情处置的规定，旨在落实《动物防疫法》第四十五条重大动物疫情应急预案体系、第四十七条重大动物疫情应急处置措施和《重大动物疫情应急条例》第二十六条、第二十七条、第二十八条、第三十六条的相关内容，明确了在发生重大动物疫情和人畜共患传染病疫情时，县级以上人民政府及其有关部门的职责。

一、人畜共患传染病

人畜共患传染病的病原体可能是细菌、病毒或寄生虫，也可能涉及非常规病媒，可通过直接接触或通过食物、水或环境传播给人类。2022 年 6 月，中华人民共和国农业农村部公告第 571 号对原《人畜共患传染病名录》进行了修订，新的名录包括：牛海绵状脑病、高致病性禽流感、狂犬病、炭疽、布鲁氏菌病、弓形虫病、棘球蚴病、钩端螺旋体病、沙门氏菌病、牛结核病、日本血吸虫病、日本脑炎（流行性乙型脑炎）、猪链球菌Ⅱ型感染、旋毛虫病、囊尾蚴病、马鼻疽、李氏杆菌病、类鼻疽、片形吸虫病、鹦鹉热、Q 热、利什曼原虫病、尼帕病毒性脑炎、华支睾吸虫病。

二、重大动物疫情应急预案

（一）重大动物疫情应急预案的作用

重大动物疫情应急预案主要用于突然发生，造成或者可能造成畜牧业生产严重损失和社会公众健康严重损害的重大动物疫情的应急处理工作。重大动物疫情应急预案是针对具体的重大动物疫情类别和应急保障而制定的计划或方案。重大动物疫情应急预案具有三方面作用：一是法律法规的细化补充，为各级人民政府、农业农村主管部门依法有序应对突发疫情提供依据；二是体制机制的重要载体，对应急指挥体系、人员技术物资保障、疫情处置工作等预先作出具体安排；三是资源调控的有力手段，确保应对重大动物疫情时，应急资源找得到、调得动、用得好。

（二）重大动物疫情应急预案的制定

《动物防疫法》第四十五条规定：“国务院农业农村主管部门根据动物疫病的性质、特点和可能造成的社会危害，制定国家重大动物疫情应急预案报国务院批准，并按照不同动物疫病病种、流行特点和危害程度，分别制定实施方案。县级以上地方人民政府根据上级重大动物疫情应急预案和本地区的实际情况，制定本行政区域的重大动物疫情应急预案，报上一级人民政府农业农村主管部门备案，并抄送上一级人民政府应急管理部门。县级以上地方人民政府农业农村主管部门按照不同动物疫病病种、流行特点和危害程度，分别制定实施方案。重大动物疫情应急预案和实施方案根据疫情状况及时调整。”例如，原农业部2017年印发了《非洲猪瘟疫情应急预案》，我国发生非洲猪瘟疫情后，根据防控工作实际，农业农村部先后印发了《非洲猪瘟疫情应急实施方案（2019年版）》《非洲猪瘟疫情应急实施方案（2020年版）》《非洲猪瘟疫情应急实施方案（2021年版）》。经过调整，非洲猪瘟疫情应急实施方案更加合理完善，指导各地应急处置工作更加科学规范。

（三）重大动物疫情应急预案的内容

《重大动物疫情应急条例》第十条规定，重大动物疫情应急预案主要包括下列内容：

（1）应急指挥部的职责、组成以及成员单位的分工；

（2）重大动物疫情的监测、信息收集、报告和通报；

（3）动物疫病的确认、重大动物疫情的分级和相应的应急处理工作方案；

（4）重大动物疫情疫源的追踪和流行病学调查分析；

（5）预防、控制、扑灭重大动物疫情所需资金的来源、物资和技术的储备与调度；

（6）重大动物疫情应急处理设施和专业队伍建设。

三、重大动物疫情应急处置的主体职责

（一）完善防治重大动物疫病指挥机制

《重大动物疫情应急条例》第二十六条规定："重大动物疫情发生后，国务院和有关地方人民政府设立的重大动物疫情应急指挥部统一领导、指挥重大动物疫情应急工作。"重大动物疫情的处置涉及多个环节，需要调动多方面的社会资源，县级以上人民政府应当完善防治重大动物疫病指挥机制，加强统一领导，调动、协调各部门参与动物疫情处置。

（二）及时启动应急预案

《重大动物疫情应急条例》第二十七条规定："重大动物疫情发生后，县级

以上地方人民政府兽医主管部门应当立即划定疫点、疫区和受威胁区，调查疫源，向本级人民政府提出启动重大动物疫情应急指挥系统、应急预案和对疫区实行封锁的建议，有关人民政府应当立即作出决定。”因此，在发生重大动物疫情和人畜共患传染病疫情时，县级以上地方人民政府农业农村主管部门应当向本级人民政府提出启动重大动物疫情应急指挥系统、应急预案和对疫区实行封锁的建议，县级以上人民政府应当根据农业农村主管部门提出的建议，及时作出是否启动重大动物疫情应急指挥系统、应急预案和采取相关措施的决定。

（三）采取措施控制和扑灭动物疫情

《重大动物疫情应急条例》第二十八条规定：“国家对重大动物疫情应急处理实行分级管理，按照应急预案确定的疫情等级，由有关人民政府采取相应的应急控制措施。”《重大动物疫情应急条例》第三十六条规定：“重大动物疫情应急处理中，县级以上人民政府有关部门应当在各自的职责范围内，做好重大动物疫情应急所需的物资紧急调度和运输、应急经费安排、疫区群众救济、人的疫病防治、肉食品供应、动物及其产品市场监管、出入境检验检疫和社会治安维护等工作。”同时《动物防疫法》第三十四条第二款规定：“发生人畜共患传染病时，卫生健康主管部门应当对疫区易感染的人群进行监测，并应当依照《传染病防治法》的规定及时公布疫情，采取相应的预防、控制措施。”因此，在发生重大动物疫情和人畜共患传染病疫情时，除了县级以上人民政府应当采取措施控制和扑灭动物疫情外，县级以上人民政府有关部门也应当采取相应的预防、控制措施。

对于应当具体采取的控制措施，《动物防疫法》第三十八条、第三十九条、第四十一条分别规定了对一类动物疫病、二类动物疫病和三类动物疫病应采取的控制措施，《重大动物疫情应急条例》第二十九条、第三十条、第三十一条分别规定了对疫点、疫区和受威胁区应当采取的措施。

此外，《动物防疫法》第四十七条规定：“发生重大动物疫情时，依照法律和国务院的规定以及应急预案采取应急处置措施。”一、二、三类动物疫病突然发生、迅速传播，构成重大动物疫情时，除采取《动物防疫法》规定的控制措施外，还可以按照《中华人民共和国突发事件应对法》等法律和国务院的规定，以及根据应急预案采取应急处置措施。暂停调运相关易感染动物就是一种应急处置措施。因此，为保障公众身体健康与生命安全，本条第三款规定发现动物携带人类传染病病原体的，县级以上人民政府农业农村主管部门应当制定相应动物处置方案，发现动物携带人类传染病病原体的，应按处置方案采取处置措施，必要时，省人民政府可以决定采取暂停调运相关易感染动物等应急控制措施。

第十一条 【检疫申报点】

县级人民政府根据本行政区域的养殖情况和农业农村主管部门提出的动物检疫申报点建设方案，有计划地进行动物检疫申报点建设。

动物卫生监督机构具体负责动物检疫申报点的运行与管理，向社会公布动物检疫申报点、检疫范围、检疫对象、检疫申报程序、申报途径和联系方式等事项；根据动物检疫工作需要，可以向乡镇或者特定区域的动物检疫点派驻专业人员。

【解读】本条是对动物检疫申报点及其管理的规定，旨在落实《动物检疫管理办法》第十条关于动物检疫申报点设置和建设的规定，明确了动物检疫申报点的规划与设置、职责与条件、运行与管理等事项，同时对动物检疫点的派驻人员作出了规定。

一、动物检疫申报点规划与设置

动物检疫申报点是为了方便从事动物饲养、屠宰、经营、运输、隔离等活动的单位或个人，在乡镇(街道办事处)、屠宰企业设立并负责接收动物检疫申报，进行产地检疫和受理屠宰检疫的场所。动物检疫申报点建设方案由县级以上农业农村主管部门提出，经县级以上人民政府批准后，有计划地进行建设。动物卫生监督机构负责检疫申报点的具体运行与管理。动物检疫申报点按照“方便群众、有利流通、便于检疫”及与检疫任务相匹配的原则建设，应综合考虑当地地形地貌、乡镇数量、畜禽养殖量、交通路网、动物流通特点等因素，合理设置乡镇或区域动物检疫点。根据农业农村部规定，结合湖南省实际，动物产地检疫申报点原则上按照乡镇进行设置，也可多个乡镇联合设置区域检疫点，每个屠宰场(厂、点)设置1个屠宰检疫申报点。动物检疫申报点对受理的检疫申报，应当及时指派官方兽医或安排协检人员协助官方兽医前往现场或指定地点核实信息，开展临床健康检查；屠宰的动物还需按照相关屠宰检疫规程要求进行屠宰检疫。

动物检疫申报点的相关信息应向社会公布，包括动物检疫申报点、检疫申报依据、检疫范围、检疫对象、检疫申报时限、检疫申报程序、申报途径、管辖范围、辖区官方兽医及协检人员信息、联系方式、监督电话等内容，方便行政相对人进行检疫申报。

二、动物检疫申报点的职责与条件

(一)动物检疫申报点的职责

(1)接受管辖范围内产地检疫或屠宰检疫申报。

(2)对申报材料进行审查。

(3)对受理的检疫申报派员实施检疫，检疫合格的出具动物检疫证明，检疫不合格的出具检疫处理通知单。

(4)对动物检疫证章实施专人专柜管理。

(5)做好检疫工作记录及档案管理。

(6)宣传动物检疫有关法律法规。

(7)对检疫申报和检疫实施情况按规定汇总并上报。

(8)督促指导辖区内养殖场(户)、屠宰加工场所等完善检疫相关信息数据。

(9)完成动物卫生监督机构安排的其他工作任务。

（二）动物检疫申报点的基本条件

（1）产地检疫申报点的面积应不少于30平方米，包括申报检疫、档案保存和检疫出证等区域。

（2）屠宰检疫申报点的面积不少于50平方米，包括申报检疫、档案保存、检疫出证和休息等区域。

（3）悬挂圆形的、直径为0.80米的中国动物卫生监督标志。

（4）悬挂“××县（市、区）××动物产地（屠宰）检疫申报点”的标牌。

（5）在明显位置设置公示牌。公示内容包括：《动物防疫法》《动物检疫管理办法》及检疫规程，动物检疫申报点管辖范围，辖区官方兽医及协检人员信息，检疫申报点联系方式，监督电话等。

（6）具备满足检疫工作需要的设施设备，配备办公桌椅、电脑、便携式移动出证终端、网络、打印机、传真机、电话机、文件柜、储藏柜以及降温取暖设施设备等。

（7）有满足检疫工作需要的检疫工具、交通工具、防护用品、洗消设备。

（8）有满足检疫工作需要的官方兽医和协检人员。

三、动物检疫申报点的运行与管理

县级以上地方人民政府农业农村主管部门负责本辖区动物检疫申报点规划、设置和维护；加强动物检疫申报点信息化建设，推进动物检疫、强制免疫、动物运输管理和病死畜禽无害化处理等数据衔接，实现动物检疫全链条监管；根据本辖区官方兽医培训计划，提供必要培训条件，健全培训考核评价机制；保障动物检疫申报点人员经费和工作经费。县级以上动物卫生监督机构负责运行与管理工作，做好动物检疫申报点的信息数据管理；做好动物检疫申报点人员培训、考核；依法开展动物检疫工作，对发现的问题予以纠正。

四、向乡镇或特定区域的动物检疫申报点派驻专业人员

动物检疫是动物疫病防控的一项基础性工作，检疫范围包括辖区养殖、屠宰、交易等场所的畜禽，动物检疫工作区域面积大、工作量大。《动物防疫法》明确了县级以上动物卫生监督机构官方兽医负责动物检疫工作，按照这一规定，动物产地、屠宰检疫工作任务将主要集中在县级。为确保动物检疫工作依法顺利开展，县级农业农村主管部门应当根据当地地形地貌、畜禽养殖量、畜禽调运等情况，合理设置乡镇或特定区域动物检疫点，确保申报受理范围覆盖全部养殖、屠宰等场所。对区域面积大、养殖密度集中的乡镇，单独设立动物检疫申报点并派驻官方兽医实施检疫；对区域面积小、养殖分散、检疫工作任务轻的相邻乡镇，联合设立区域动物检疫申报点，依法负责所管辖片区的动物产地检疫和出证工作。

第十二条 【动物和动物产品检疫】

畜禽养殖场(户)委托收购贩运单位或者个人代为申报检疫的，应当出具委托书；接受委托的收购贩运单位或者个人，应当以畜禽养殖场(户)的名义申报检疫。

已取得产地检疫证明的动物，从专门经营动物的集贸市场、物流集散地等继续出售或者运输的，或者动物展示、演出、比赛后需要继续运输的，货主应当在出售或者运输前按照国家有关规定向所在地承担动物检疫职责的机构申报检疫。

【解读】本条是关于畜禽养殖场(户)委托申报检疫以及对已取得产地检疫证明的动物继续出售或者运输时需申报检疫的规定，旨在落实《动物防疫法》第四十八条检疫主体、第四十九条检疫程序的规定，明确了畜禽养殖场(户)委托检疫和动物继续出售或者运输再次申报检疫的要求。

一、动物和动物产品检疫的主体

(一)动物卫生监督机构

动物卫生监督机构是实施动物、动物产品检疫的主体，且为唯一的检疫主体。其他任何公民、法人和社会组织都无权对动物和动物产品实施检疫出证。当前，由省市县三级动物卫生监督所组成的动物检疫工作体系正在发生变化，各地承担动物检疫职能的机构类型和名称多样，依据《动物防疫法》规定，只要是地方机构编制部门批准设立的承担动物检疫职能的机构，无论其机构如何设置、名称如何表述，都应当是《动物防疫法》所规定的动物卫生监督机构。

（二）官方兽医

经县级以上农业农村主管部门任命的官方兽医具体实施动物和动物产品检疫，非在编、不具体承担动物检疫职责的人员不能任命为官方兽医。官方兽医任命条件、任命程序依照《动物防疫法》第六十六条和《动物检疫管理办法》第二十八条、第二十九条规定。

官方兽医实施动物和动物产品检疫时，可以由协检人员辅助实施查验档案资料、畜禽标识、实验室疫病检测结果和进行临床检查等技术操作，协检人员由动物卫生监督机构指定。《动物检疫管理办法》第三十二条规定："官方兽医实施动物检疫的，可以由协检人员进行协助。协检人员不得出具动物检疫证明。"2017 年，原农业部印发的《关于推进兽医社会化服务发展的指导意见》（农医发〔2017〕35 号）提出，鼓励社会力量参与检疫技术性辅助工作。

二、动物和动物产品检疫

（一）检疫申报与受理

1. 申报检疫

动物检疫属于行政许可行为，货主在屠宰、出售或者运输动物，以及出售或者运输动物产品之前，应当按照国务院农业农村主管部门的规定向所在地动物卫生监督机构申报检疫。《动物检疫管理办法》第八条规定，国家实行动物检疫申报制度，要求出售或者运输动物、动物产品提前三天向所在地动物卫生监督机构申报检疫；屠宰动物提前六小时申报检疫，急宰动物可以随时申报。《动物检疫管理办法》第十一条同时规定，申报检疫时，应当提交检疫申报单以及农业农村部颁布的动物检疫规程规定的其他材料资料；申报检疫的方式采取在申报点填报或者通过传真、电子数据交换等方式申报。目前，主要使用动物检疫管埋信息化系统申报检疫。

需要说明的是，为了防止动物疫病传播，保证检疫质量，申报必须是“之前”，即动物在出栏或者屠宰之前，动物产品在离开产地之前。如未经检疫许可屠宰、出售或者运输动物以及出售或者运输动物产品的，则构成违法行为，要承担相应的法律责任。对此《动物防疫法》第一百条做了详细规定，即“违反本法规定，屠宰、经营、运输的动物未附有检疫证明，经营和运输的动物产品未附有检疫证明、检疫标志的，由县级以上地方人民政府农业农村主管部门责令改正，处同类检疫合格动物、动物产品货值金额一倍以下罚款；对货主以外的承运人处运输费用三倍以上五倍以下罚款，情节严重的，处五倍以上十倍以下罚款。违反本法规定，用于科研、展示、演出和比赛等非食用性利用的动物未附有检疫证明的，由县级以上地方人民政府农业农村主管部门责令改正，处三千元以上一万元以下罚款”。

2. 申报受理

《动物检疫管理办法》第十二条规定“动物卫生监督机构接到申报后，应当及时对申报材料进行审查。申报材料齐全的，予以受理；有下列情形之一的，不予受理，并说明理由：(一)申报材料不齐全的，动物卫生监督机构当场或在三日内已经一次性告知申报人需要补正的内容，但申报人拒不补正的；(二)申报的动物、动物产品不属于本行政区域的；(三)申报的动物、动物产品不属于动物检疫范围的；(四)农业农村部规定不应当检疫的动物、动物产品；(五)法律法规规定的其他不予受理的情形。”

(二)实施检疫

动物卫生监督机构接到检疫申报后，应当及时指派官方兽医或协检人员到现场或指定地点对动物、动物产品实施检疫；检疫合格的，出具检疫证明、加施检疫标志。受理申报后实施检疫，属于动物卫生监督机构和官方兽医的职责。如果受理检疫申报后出现没有及时指派官方兽医实施检疫、官方兽医没有实施检疫、对检疫不合格的动物或动物产品出具检疫证明、对检疫合格的动物或动物产品拒不出具检疫证明等情形，均属于违法行为，要承担相应的法律责任。对此《动物防疫法》第八十九条规定：“动物卫生监督机构及其工作人员违反本法规定，有下列行为之一的，由本级人民政府或者农业农村主管部门责令改正，通报批评；对直接负责的主管人员和其他直接责任人员依法给予处分：(一)对未经检疫或者检疫不合格的动物、动物产品出具检疫证明、加施检疫标志，或者对检疫合格的动物、动物产品拒不出具检疫证明、加施检疫标志的。”

(三)出具检疫证明

检疫行为是要式行政行为，官方兽医必须为检疫合格的动物、动物产品出具检疫证明，并按规定在检疫证明、检疫标志上签字或者盖章，对检疫结论负责。这是法律对官方兽医规定的职责，如果官方兽医未履行或不正当履行出具检疫证明、签字、盖章等职责要求，则其行为违法，要承担相应的法律责任。

(四)执业兽医或动物防疫技术人员协助检疫

动物饲养场、屠宰企业的执业兽医或者动物防疫技术人员，应当协助官方兽医实施检疫。《动物防疫法》第四十九条第三款规定：“动物饲养场、屠宰企业的执业兽医或者动物防疫技术人员，应当协助官方兽医实施检疫。”其明确了动物饲养场、屠宰企业的执业兽医或者动物防疫技术人员协助实施检疫的义务，要求充分发挥企业中兽医专业人员的作用，进一步落实生产经营者在动物疫病防控中的主体责任。

三、委托申报检疫

委托申报检疫是为了实现动物疫病可追溯和运输环节动物防疫的闭环管理。为加强畜禽移动监管，2018 年农业农村部发布的《中华人民共和国农业农村部公告第 2 号》规定：“畜禽养殖场(户)委托畜禽收购贩运单位或个人代为申报检疫的，应当出具委托书，提供申报材料。”农业农村部发布的动物检疫规程明确，申报检疫时需要提供养殖场(户)的强制免疫证明等材料，官方兽医受理检疫申报时应严格查验饲养场的动物防疫条件合格证、养殖档案和饲养户免疫记录等材料。本条第一款与上述规定进行了有效衔接，明确接受委托的收购贩运单位或者个人应以畜禽养殖场(户)的名义申报检疫，推动畜禽养殖场(户)进一步落实动物防疫主体责任。值得注意的是，为进一步规范动物检疫工作，2023年4月《农业农村部关于印发〈生猪产地检疫规程〉等22个动物检疫规程的通知》(农牧发〔2023〕16号)发布，其按照《动物防疫法》《动物检疫管理办法》规定，修订了《生猪产地检疫规程》等19个检疫规程，制定了《马属动物屠宰检疫规程》《鹿屠宰检疫规程》《动物和动物产品补检规程》，此前关于动物检疫的相关文件规定要求与新的检疫规程不一致的，按照新的检疫规程执行。

四、继续出售或者运输的再次申报检疫

《动物防疫法》第四十九条规定了申报检疫的时间，即“屠宰、出售或者运输动物以及出售或者运输动物产品前”，并在第五十一条中明确“屠宰、经营、运输的动物，以及用于科研、展示、演出和比赛等非食用性利用的动物，应当附有检疫证明；经营和运输的动物产品，应当附有检疫证明、检疫标志”。本条第二款是我省为具体落实动物和动物产品检疫要求所做的细化规定，为规范取得检疫证明后继续出售或者运输动物的管理提供了依据。此外，《动物检疫管理办法》第十六条也明确规定，已经取得产地检疫证明的动物，从专门经营动物的集贸市场继续出售或者运输的，或者动物展示、演出、比赛后需要继续运输的，经检疫符合相关条件的，出具动物检疫证明。本条第二款与《动物检疫管理办法》第十六条进行衔接，明确货主在出售或者运输已取得产地证明的动物前，应当向所在地承担动物检疫职责的机构申报检疫，依法重新取得动物检疫证明。

第十三条 【运输管理】

从事动物运输的单位和个人应当将检疫证明编号、动物种类、数量、联系人、联系方式、运输时间、启运地点、到达地点、行程路线、车辆清洗消毒以及运输过程中死亡、染疫或者疑似染疫动物处置情况等填报动物防疫信息管理系统，并妥善保存相关证明材料。跨省运输动物的车辆应当配备符合规定的卫星定位系统车载终端，行驶轨迹等相关信息记录保存期限不得少于二个月。

货主或者承运人应当按照动物检疫证明载明的目的地运输动物，中途不得转运、销售、更换和擅自弃置、处理动物。

禁止将动物屠宰加工场所内的动物以活体形式外运出场。

【解读】本条是关于动物运输管理的规定，旨在落实《动物防疫法》第五十二条动物、动物产品运输管理的要求，细化《病死畜禽和病害畜禽产品无害化处理管理办法》《动物检疫管理办法》的相关规定，落实动物经营、运输各环节的动物防疫责任，强化疫源追溯，实现运输环节的闭环。

一、对从事动物运输的单位和个人的要求

为进一步规范动物运输活动，防止动物疫病通过流通环节扩散蔓延，《动物防疫法》第五十二条第三款规定："从事动物运输的单位、个人以及车辆，应当向所在地县级人民政府农业农村主管部门备案。"对于染疫动物运输车辆，《病死畜禽和病害畜禽产品无害化处理管理办法》第十三条规定："专业从事病

死畜禽和病害畜禽产品收集的单位和个人，应当配备专用运输车辆，并向承运人所在地县级人民政府农业农村主管部门备案。”《中华人民共和国农业农村部公告第531号》第五条也规定：“从事畜禽运输的单位和个人应当建立健全运输台账，详细记录检疫证明编号、畜禽名称、畜禽数量、运输时间、启运地点、到达地点、运输路线、车辆清洗、消毒以及运输活动中死亡、染疫或者疑似染疫畜禽的处置等情况。”

我省从事畜禽运输的单位、个人需通过牧运通信息系统进行备案。湖南省农业农村厅印发的《关于进一步强化动物检疫监督工作的通知》，明确了动物运输活动信息的登记途径，要求动物卫生监督机构要督促从事畜禽运输的单位和个人通过牧运通信息系统详细记录每批次检疫证明编号、畜禽名称、畜禽数量、运输时间、启运地点、到达地点、运输路线、车辆清洗、消毒，以及在运输中死亡、染疫或者疑似染疫畜禽的处置等情况。

二、对跨省运输动物和病死畜禽、病害畜禽产品车辆的要求

《中华人民共和国农业农村部公告第531号》对跨省动物运输车辆作出了具体要求和规定，第三条第四项规定：“跨省、自治区、直辖市运输的，应当配备符合交通运输部要求的卫星定位系统车载终端。”第五条规定：“跨省运输畜禽的备案车辆卫星定位系统相关信息记录保存期限不得少于二个月。”《病死畜禽和病害畜禽产品无害化处理管理办法》第十四条规定：“病死畜禽和病害畜禽产品专用运输车辆应当配备能够接入国家监管监控平台的车辆定位跟踪系统、车载终端。”

三、按照动物检疫证明载明的目的地运输动物的规定

按照动物检疫证明载明的目的地运输动物是维护动物检疫和流通秩序的基本要求，也是防止动物疫病发生和扩散的有效措施。《动物检疫管理办法》第四十六条明确规定：“经检疫合格的动物应当按照动物检疫证明载明的目的地运输，并在规定时间内到达，运输途中发生疫情的应当按有关规定报告并处置。”

第四十九条对未按照动物检疫证明载明的目的地运输、未按照动物检疫证明规定时间运达且无正当理由、实际运输的数量少于动物检疫证明载明数量且无正当理由的违法行为设置了处罚措施，由县级以上地方人民政府农业农村主管部门处一千元以上三千元以下罚款；情节严重的，处三千元以上三万元以下罚款。

四、进入屠宰加工场所的动物不得外运出场的禁止性规定

屠宰加工场所是畜禽屠宰的场所，人员、车辆流动大，动物疫病复杂，且活畜禽流通是动物疫病及人畜共患病传播的主要途径。为防止因活畜禽调出屠宰加工场所造成病原传播与扩散，要求屠宰企业落实主体责任，明确禁止屠宰场所进行活猪交易，禁止进场生猪以活体形式出场。另外，畜禽屠宰加工场所取得的动物防疫条件合格证载明的经营范围为屠宰而非交易，在屠宰加工场所内进行生猪等活体交易并调运出场，其经营范围发生了变化，根据《动物防疫条件审查办法》要求，应重新办理动物防疫条件合格证。

第十四条 【无害化处理规划与建设】

省人民政府应当根据本行政区域畜禽养殖、疫病发生和畜禽死亡情况，按照合理布局的原则，制定本省动物和动物产品集中无害化处理场所建设规划。

县级人民政府应当按照动物和动物产品集中无害化处理场所建设规划，组织建设集中无害化处理场，配置无害化处理设施，在养殖密集的乡镇设置病死动物、病害动物产品收储点，并向社会公布设施运营服务区域。

鼓励社会力量参与动物和动物产品集中无害化处理场以及收集储存转运体系建设。

【解读】 本条是关于动物和动物产品集中无害化处理场所建设规划、动物和动物产品集中无害化处理场以及收集储存转运体系建设的规定，旨在对《动物防疫法》第五十九条无害化处理规划和机制以及《病死畜禽和病害畜禽产品无害化处理管理办法》第九条的规定进行细化和落实，明确了省人民政府和县级人民政府在动物和动物产品集中无害化处理场所建设中承担的职责，同时鼓励社会力量参与无害化处理场及收集储存转运体系的建设。

一、动物和动物产品集中无害化处理场所建设规划

无害化处理是指用物理、化学等方法处理病死动物尸体及相关动物产品，消灭其所携带的病原体，消除动物尸体危害的过程。病死动物和病害动物产品无害化处理是公共服务的重要组成部分，是推动养殖业高质量发展和加强重大

动物疫病防控的重要保障。《动物防疫法》第五十九条规定:"省、自治区、直辖市人民政府制定动物和动物产品集中无害化处理场所建设规划,建立政府主导、市场运作的无害化处理机制。"同时专业无害化处理场所的处理能力应当与区域内畜禽养殖量、养殖水平、品种结构相适应。区域内专业无害化处理场所过多、单场处理死亡畜禽数量少,不仅造成重复建设和资源浪费,也影响社会资本运行效率。区域内没有专业无害化处理场所或处理能力不足,则会造成死亡畜禽不能及时无害化处理,增加动物疫病流行传播风险。因此《病死畜禽和病害畜禽产品无害化处理管理办法》第九条规定:"省级人民政府农业农村主管部门结合本行政区域畜牧业发展规划和畜禽养殖、疫病发生、畜禽死亡等情况,编制病死畜禽和病害畜禽产品集中无害化处理场所建设规划,合理布局病死畜禽无害化处理场,经本级人民政府批准后实施,并报农业农村部备案。"由省人民政府根据本行政区域畜禽养殖、疫病发生和畜禽死亡情况,按照合理布局的原则,统筹规划动物和动物产品集中无害化处理场所,更有利于无害化处理体系健康、稳定和高质量发展。

为深入贯彻《动物防疫法》和农业农村部《病死畜禽和病害畜禽产品无害化处理管理办法》的要求,进一步加强病死畜禽无害化处理机制建设,湖南省制定了《湖南省病死畜禽无害化处理体系布局与建设规划》,对全省病死畜禽集中无害化处理体系建设布局进行不断优化。

二、集中无害化处理场的组织建设和病死动物、病害动物产品收储点的设置

县级人民政府按照动物和动物产品集中无害化处理场所建设规划,负责集中无害化处理场的组织建设和病死动物、病害动物产品收储点的设置。按照湖南省人民政府办公厅《关于建立病死畜禽无害化处理机制的实施意见》"各级人民政府对本地区病死畜禽无害化处理负总责,落实属地管理责任"的工作要求,县级人民政府应当按照上级的动物和动物产品集中无害化处理场所建设规划,将病死畜禽无害化处理工作纳入经济社会发展规划,统筹协调,明确分工,有序有力推进病死畜禽无害化处理工作。发展改革、财政、国土资源、环保等部

门做好项目立项、项目资金、建设用地、环境影响评估等工作，确保病死畜禽无害化处理中心建设和有序运行。目前湖南省已建成 31 个病死畜禽无害化处理中心、61 个县级收集存储转运中心和 137 个乡镇集中暂存点，配备专业收集车辆 228 台，集中无害化处理、资源化利用的格局已基本形成。

三、鼓励社会力量参与动物和动物产品集中无害化处理场以及收集储存转运体系建设

动物和动物产品集中无害化处理体系建设属于社会公益事业，单纯依靠政府投入，难以实现资源有效配置，需要社会力量的广泛参与。《湖南省人民政府办公厅关于建立病死畜禽无害化处理机制的实施意见》提出“病死畜禽无害化处理中心建设鼓励采用 PPP 模式，以企业投入为主，财政补助为辅，市场化运行”的建设模式。采取各级财政对无害化处理中心设施建设给予适当补助，建立与养殖量、无害化处理率相挂钩的财政补助机制，把病死畜禽的清理、打捞、核查、举报奖励等工作经费纳入当地财政预算，无害化处理设备列入农机购置补贴机具种类范围等方式鼓励社会力量投资兴建无害化处理体系。同时，《湖南省畜禽规模养殖污染防治规定》第十四条规定：“鼓励无害化处理企业配套建设跨行政区域的病死畜禽无害化收集体系，建设生物安全防护措施严密、收集能力强、覆盖范围广、转运监管严的病死畜禽暂存、中转、运输设施。”

第十五条 【集中无害化处理场管理】

动物和动物产品集中无害化处理场应当将无害化处理的动物和动物产品的来源、数量、重量、运输车辆及其行驶轨迹、交接人员、交接时间、无害化处理方式以及无害化处理产物流向等信息填报动物防疫信息管理系统。

鼓励采用科学方式对病死动物、病害动物产品进行无害化处理和资源化利用。无害化处理费用按照国家和本省相关规定予以补助。

禁止将无害化处理产物作为食品销售或者用于食品生产。禁止虚报、谎报病死动物、病害动物产品的无害化处理数量，骗取补助。

【解读】本条是关于动物和动物产品集中无害化处理场管理的规定，与本《实施办法》第十四条相衔接，旨在细化和落实《动物防疫法》第五十七条病死动物、病害动物产品的无害化处理以及《病死畜禽和病害畜禽产品无害化处理管理办法》第十条、第十七条、第十八条、第二十条、第二十三条、第二十五条、第二十九条的相关内容，规定了动物和动物产品集中无害化处理场信息填报相关要求，以及对病死动物、病害动物产品进行科学无害化处理和资源化利用的鼓励措施和补助政策，同时明确了无害化处理产物用于食品生产和无害化处理数量虚报、谎报等禁止性规定。

一、动物和动物产品集中无害化处理信息化管理

《病死畜禽和病害畜禽产品无害化处理管理办法》第二十五条规定：“农业

农村部建立病死畜禽无害化处理监管监控平台，加强全程追溯管理。从事畜禽饲养、屠宰、经营、隔离及病死畜禽收集、无害化处理的单位和个人，应当按要求填报信息。”第二十九条规定：“从事畜禽饲养、屠宰、经营、隔离以及病死畜禽和病害畜禽产品收集、无害化处理的单位和个人，应当建立台账，详细记录病死畜禽和病害畜禽产品的种类、数量（重量）、来源、运输车辆、交接人员和交接时间、处理产物销售情况等信息。病死畜禽和病害畜禽产品无害化处理场所应当安装视频监控设备，对病死畜禽和病害畜禽产品进（出）场、交接、处理和处理产物存放等进行全程监控。相关台账记录保存期不少于二年，相关监控影像资料保存期不少于三十天。”

目前，我省结合病死畜禽无害化处理工作实际，率先在全国应用现代电子政务管理理念和信息技术，整合手机 App、移动互联网、GIS 地理信息系统、养殖户档案大数据等资源，探索开发了“湖南省畜禽无害化处理监管平台”，完成了收集、调运、入库、处理、收集调运台账、残余物管理、统计报表等十大功能模块的开发使用，实现了病死畜禽收集处理全过程网络实时监管。在病死猪收集环节，无害化处理企业清点病死猪数量并拍摄实时照片、视频等证据上传至监管平台，在调运、入库、处理环节同样需要拍摄相应场景、病死猪整体状态、运输车辆等证据照片，各环节病死猪数量及相关证据信息由监管平台自动流转，从收集到无害化处理各流程环环相扣，形成有效证据链条。2022 年该平台与农业农村部病死畜禽无害化处理监管监控平台完成数据对接。

二、动物和动物产品集中无害化处理方式和资源化利用

动物和动物产品集中无害化处理场是指在病死畜禽无害化处理场以及畜禽养殖场、屠宰厂（场）、隔离场内对病死动物、病害动物产品进行集中处理的无害化处理区域。《动物防疫法》第五十七条规定，从事动物饲养、屠宰、经营、隔离以及动物产品生产、经营、加工、贮藏等活动的单位和个人，应当按照国家有关规定做好病死动物、病害动物产品的无害化处理，或者委托动物和动物产品无害化处理场所处理。《病死畜禽和病害畜禽产品无害化处理管理办法》第十七条规定，病死畜禽和病害畜禽产品无害化处理以集中处理为主，自行处

理为补充。《湖南省畜禽规模养殖污染防治规定》第十四条第三款进一步规定，除无害化处理收集体系不能覆盖的边远山区和交通不便地区外，病死畜禽及病害畜禽产品原则上应委托无害化处理企业集中处理。《病死畜禽和病害畜禽产品无害化处理管理办法》第十八条规定，病死畜禽无害化处理场应当符合省级人民政府病死畜禽和病害畜禽产品集中无害化处理场所建设规划并依法取得动物防疫条件合格证。

为规范动物和动物产品集中无害化处理场的技术标准，农业农村部发布了《病死及病害动物无害化处理技术规范》，湖南省印发了《病死猪集中无害化处理流程与操作说明(试行)》《关于完善病死动物无害化处理厂(中心)动物防疫条件审查及监督管理工作的通知》《关于进一步规范养殖环节病死猪无害化处理监管工作的通知》等规范性文件，从各个层面完善了病死畜禽无害化处理的地方标准制度体系。在此基础上，各无害化处理中心采用符合标准要求的工艺设备对病死畜禽进行无害化处理，切实加大处理设施设备升级改造力度，完善畜禽尸体破碎、废气废水处理等工艺，不断提高无害化处理能力。同时，为进一步提升生物安全防护水平，省级财政加大资金投入，全省病死畜禽无害化处理中心完善了收集运输车辆清洗消毒设备，严格运输车辆的洗消管理，有效降低动物疫病传播风险，减少养殖场(户)对运输车辆的生物安全顾虑。

《病死畜禽和病害畜禽产品无害化处理管理办法》第二十三条第一款规定："鼓励在符合国家有关法律法规规定的情况下，对病死畜禽和病害畜禽产品无害化处理产物进行资源化利用。"资源化处理的产品可以生产有机肥、工业用油、化工产品等，具有较高的经济效益，因此湖南省鼓励无害化处理场选用低耗、高效、环保、资源化利用程度高的处理工艺对病死畜禽和病害畜禽产品进行处理，鼓励从事无害化处理的企业加大对无害化处理产物资源化利用研发力度，进一步提高产物附加值。

三、无害化处理费用和补助

《动物防疫法》已明确各级财政对病死动物无害化处理提供补助，《病死畜禽和病害畜禽产品无害化处理管理办法》规定，县级以上人民政府农业农村主管部门应当落实病死畜禽无害化处理财政补助政策和农机购置与应用补贴政策；无害化处理费用由财政进行补助或者由委托方承担。《农业防灾减灾和水利救灾资金管理办法》明确了养殖环节无害化处理补助支出方向和使用范围，即“主要用于养殖环节病死猪无害化处理等。按照‘谁处理补给谁’的原则，补助对象为承担无害化处理任务的实施者”。

《湖南省中央农业防灾减灾和水利救灾资金管理实施细则》明确了湖南省养殖环节无害化处理补助，根据病死猪无害化处理数量、处理方式、地区补助系数、工作绩效等因素测算。各市(州)、县(市、区)应根据养殖环节病死猪无害化处理量，结合中央和省级财政补助资金，合理安排养殖环节无害化处理市、县级财政补助资金，确保无害化处理工作需要。

四、无害化处理产物和补助申报的禁止性规定

(一)禁止用于食品销售或生产

为了对无害化处理产物流向进行监管，《病死畜禽和病害畜禽产品无害化处理管理办法》第二十三条第二款规定：“病死畜禽和病害畜禽产品无害化处理场所销售无害化处理产物的，应当严控无害化处理产物流向，查验购买方资质并留存相关材料，签订销售合同。”病死动物、病害动物本身携带大量病毒，病毒通过不同途径进入人体后，在内脏和肌肉组织内大量繁殖，并产生毒素，会给人体健康带来巨大的威胁。因此，必须禁止将无害化处理产物作为食品销售或者用于食品生产。

(二)禁止虚报、谎报

对病死动物无害化处理实施补助，其本意是保障病死动物无害化处理收集体系的正常稳定和有效运转，确保无害化处理工作有效实施。虚报、谎报不仅会占用公共资源，也会影响无害化处理的推进。虚报、谎报病死动物、病害动物产品的无害化处理数量，骗取补贴资金是违法违规行为，将依法承担相应责任。

第十六条 【举报奖励】

鼓励单位和个人举报非法处置动物尸体的违法行为。县级以上人民政府相关部门和乡镇人民政府、街道办事处应当公布举报方式。相关部门和单位收到举报，应当及时查处。对举报属实的，应当予以奖励。

【解读】本条是关于非法处置动物尸体行为举报奖励制度的规定，旨在落实《病死畜禽和病害畜禽产品无害化处理管理办法》《国务院办公厅关于建立病死畜禽无害化处理机制的意见》《国务院办公厅关于进一步做好非洲猪瘟防控工作的通知》的相关规定，明确了对非法处置动物尸体的违法行为进行举报应当给予奖励，同时有关部门和单位对举报的该违法行为应当及时查处，加强对非法处置动物尸体等违法行为的监督。

一、非法处置动物尸体违法行为的举报监督

《病死畜禽和病害畜禽产品无害化处理管理办法》第三十二条明确规定“任何单位和个人对违反本办法规定的行为，有权向县级以上地方人民政府农业农村主管部门举报。接到举报的部门应当及时调查处理。”

根据《国务院办公厅关于建立病死畜禽无害化处理机制的意见》的规定，非法处置动物尸体的违法行为是指抛弃、收购、贩卖、屠宰、加工病死动物的行为，这几种行为都是可能会造成重大动物疫情、危害食品安全、影响生态环境的违法行为。该意见要求要建立健全监督举报机制，鼓励群众和媒体对抛弃、

收购、贩卖、屠宰、加工病死畜禽等违法行为进行监督和举报。

动物会由于传染病或其他原因而死亡，如果动物尸体处理不当、随意丢弃，存在造成动物疫病、人畜共患传染病流行传播的风险，会给养殖业生产安全、食品安全、生态环境安全、公共卫生安全带来负面影响。2013 年 3 月发生的黄浦江死猪漂浮事件就是典型例子。动物疫病防控工作需要全社会力量参与，推进社会共治，加之各级动物疫病防控机构任务重、人员紧缺等因素，需要鼓励单位和个人举报非法处置动物尸体的违法行为。这不仅可以尽早发现非法处置的动物尸体，及时做好处置，降低动物疫病传播的风险，还可以有效查处这些违法行为，使得相关从事人员依法依规处置动物尸体。

为使举报渠道畅通，县级以上人民政府相关部门和乡镇人民政府、街道办事处应当公布举报方式，并按照要求及时、有效地进行查处。县级以上人民政府要在其本级农业农村主管部门官网进行公布，乡镇人民政府、街道办事处要在其政府官网进行公布。

二、非法处置动物尸体违法行为的举报奖励

为鼓励单位和个人举报非法处置动物尸体的违法行为的主观能动性，对举报情况属实的，应当给予适当的奖励。《湖南省人民政府办公厅关于建立病死畜禽无害化处理机制的实施意见》在贯彻落实《国务院办公厅关于建立病死畜禽无害化处理机制的意见》“要建立健全监督举报机制”时进一步明确，“病死畜禽的清理、打捞、核查、举报奖励等工作经费纳入当地财政预算”。

三、非法处置动物尸体违法行为的举报处理

针对抛弃、收购、贩卖、屠宰、加工病死动物等非法处置动物尸体的违法行为，有不同的处理措施：

一是对违法抛弃动物尸体的，如举报人在江河、湖泊、水库等水域发现死亡畜禽的，收到举报的部门要立即派人到现场进行核实，情况属实的，要报告所在地县级人民政府，由所在地县级人民政府组织人员进行收集、处理并溯

源。如举报人在城市公共场所和乡村发现死亡畜禽的，收到举报的部门要立即派人到现场进行核实，情况属实的，要报告所在地街道办事处或乡级人民政府，由所在地街道办事处或乡级人民政府组织人员进行收集、处理并溯源。

二是违法收购、贩卖、屠宰、加工病死动物的，农业农村、市场监管部门要严格按照有关法律法规和部门职责开展严厉查处，并加强行政执法与刑事司法的衔接，对涉嫌构成犯罪、依法需要追究刑事责任的，要及时移送公安机关予以立案侦查。

第十七条 【实验检测活动监管】

新建、改建或者扩建从事动物病原微生物实验活动的一级、二级兽医实验室，应当向所在地设区的市、自治州人民政府农业农村主管部门备案。兽医实验室及其设立单位应当履行实验室生物安全管理主体责任，配备与生物安全等级相适应的设施、设备，加强菌(毒)种和动物病原微生物样本的采集、运输、接收、使用、储存、保管、销毁的全链条安全管理和对外交流管理。

一级、二级兽医实验室从事动物病原微生物实验活动的，应当符合国家规定，并定期向样本采集地县级人民政府农业农村主管部门报告检测情况。

【解读】本条是关于兽医实验室从事动物病原微生物实验活动应遵守的管理规定，旨在落实《动物防疫法》第二十八条病原微生物实验活动管理，《中华人民共和国生物安全法》(以下简称《生物安全法》)第四十二条病原微生物实验室生物安全管理、第四十三条病原微生物分类管理，《病原微生物实验室生物安全管理条例》第十八条病原微生物实验室分级管理、第二十五条病原微生物实验室备案管理等规定，强化了从事动物病原微生物实验活动的兽医实验室的备案管理，明确了兽医实验室及其设立单位的实验室生物安全管理主体责任，以及兽医实验室定期向相关主管部门报告检测情况的义务。

一、本条出台的相关背景

动物病原微生物实验室生物安全是国家生物安全的重要组成部分，事关养殖业生产安全、动物源性食品安全和公共卫生安全。近年来，全国持续加强管理，动物病原微生物实验室生物安全水平明显提高，但新建、改建或者扩建一级、二级实验室未及时进行备案、违规开展高致病性动物病原微生物实验活动等问题时有发生。

从事病原微生物实验活动的兽医实验室同样存在病原微生物泄漏扩散导致动物疫病甚至公共卫生安全事件的风险。为加强我国病原微生物实验室生物安全管理，保护相关工作人员和公众健康，全国人大、国务院近年来先后颁布《动物防疫法》《生物安全法》《病原微生物实验室生物安全管理条例》等法律法规，对从事动物病原微生物实验活动的实验室提出管理规范，通过做好实验室生物安全管理工作，健全实验室管理制度，增强生物安全意识，提高生物安全风险防范能力。本条主要是为衔接前述有关实验室的安全管理规定，在地方性法规中进一步明确兽医实验室设置以及兽医实验室的生物安全管理主体责任，防范兽医实验室安全事故。

二、病原微生物、实验活动、兽医实验室

病原微生物，是指能够使人或者动物致病的微生物。

实验活动，是指实验室从事与病原微生物菌（毒）种、样本有关的研究、教学、检测、诊断等活动。

兽医实验室，是指一切从事动物病原微生物和寄生虫的研究与使用、兽医临床诊疗、动物疫病检疫监测的实验室。

我国主要根据对所操作生物因子采取的防护措施，将实验室生物安全防护水平分为一级、二级、三级和四级，一级防护水平最低，四级防护水平最高。中华人民共和国国家标准《实验室　生物安全通用要求》（GB 19489—2008）规定：

生物安全防护水平为一级的实验室适用于操作在通常情况下不会引起人类或者动物疾病的微生物；

生物安全防护水平为二级的实验室适用于操作能够引起人类或者动物疾病，但一般情况下对人、动物或者环境不构成严重危害，传播风险有限，实验

室感染后很少引起严重疾病，并且具备有效治疗和预防措施的微生物；

生物安全防护水平为三级的实验室适用于操作能够引起人类或者动物严重疾病，比较容易直接或者间接在人与人、动物与人、动物与动物间传播的微生物；

生物安全防护水平为四级的实验室适用于操作能够引起人类或者动物非常严重疾病的微生物，以及我国尚未发现或者已经宣布消灭的微生物。

三、从事动物病原微生物实验活动的兽医实验室的备案管理

《生物安全法》第四十三条规定："国家根据病原微生物的传染性、感染后对人和动物的个体或者群体的危害程度，对病原微生物实行分类管理。从事高致病性或者疑似高致病性病原微生物样本采集、保藏、运输活动，应当具备相应条件，符合生物安全管理规范。具体办法由国务院卫生健康、农业农村主管部门制定。"《病原微生物实验室生物安全管理条例》第二十五条规定："新建、改建或者扩建一级、二级实验室，应当向设区的市级人民政府卫生主管部门或者兽医主管部门备案。设区的市级人民政府卫生主管部门或者兽医主管部门应当每年将备案情况汇总后报省、自治区、直辖市人民政府卫生主管部门或者兽医主管部门。"为规范兽医实验室的管理，完善备案工作制度，2024 年农业农村部印发了《关于加强一级、二级动物病原微生物实验室备案工作的指导意见》。湖南省农业农村厅根据我省实际印发了《湖南省兽医实验室管理办法》，该办法对兽医实验室的备案管理进行了具体规定。

市级农业农村主管部门具体负责本辖区内实验室的备案登记管理工作，县级农业农村主管部门指导督促辖区内实验室做好备案工作。已建的一级、二级兽医实验室应在《湖南省兽医实验室管理办法》发布之日起 3 个月内进行备案；新建、改建、扩建的一级、二级生物安全兽医实验室，应当在新建、改建、扩建完成后正式开展实验活动前进行备案。每年 12 月底前各市（州）要将辖区内兽医实验室备案情况汇总后上报湖南省农业农村厅。实验室场地、实验项目等重要备案项目发生变更的，应向原备案机关重新备案。不再继续从事动物病原微生物实验活动的兽医实验室，应当及时向原备案机关注销备案。

四、兽医实验室及其设立单位的实验室生物安全管理

从事有关动物疫情监测、疫病检测诊断、检验检疫和疫病研究等相关实验室及其设立单位要切实履行实验室生物安全管理主体责任，严格执行《生物安全法》第四十三条“国家根据病原微生物的传染性、感染后对人和动物的个体或者群体的危害程度，对病原微生物实行分类管理。从事高致病性或者疑似高致病性病原微生物样本采集、保藏、运输活动，应当具备相应条件，符合生物安全管理规范。具体办法由国务院卫生健康、农业农村主管部门制定”的规定，加强菌(毒)种和样本的采集、运输、使用、保存、销毁的全链条安全管理和对外交流管理。除农业农村部指定的菌(毒)种保藏机构和相关专业实验室外，其他单位和个人不得保藏高致病性动物病原微生物菌(毒)种和样本。对于违规保藏菌(毒)种和样本的，当地农业农村主管部门应当监督其就地销毁或送农业农村部指定的保藏机构保存。《湖南省兽医实验室管理办法》第七条明确了兽医实验室生物安全管理的主体责任和要求。

五、定期报告检测情况

为了加强对动物病原微生物实验风险的及时控制和应对，本条根据湖南省的工作实际，规定了一级、二级兽医实验室“定期向样本采集地县级人民政府农业农村主管部门报告检测情况”的义务，报告的内容主要为实验活动和检测报告出具的情况。

第十八条 【指定通道】

跨省通过道路向本省或者经过本省运输动物的，应当经省人民政府设立的指定通道进入，并接受查验。

县级人民政府农业农村主管部门应当安排执法人员在所在地指定通道检查站执行动物防疫监督检查任务。对运输的动物查验合格的，应当在《动物检疫合格证明》上加盖指定通道检查专用章。任何单位和个人不得接收《动物检疫合格证明》未加盖指定通道检查专用章进入本省的动物。

指定通道检查站所在地县级以上人民政府根据动物疫病预防、控制需要，可以组织公安、交通运输、农业农村等部门开展协同执法。

【解读】本条是关于跨省运输动物指定通道的规定，旨在落实细化《动物防疫法》第五十三条指定通道运输动物、第七十五条动物防疫检查站，《动物检疫管理办法》第四十六条，以及《国务院办公厅关于加强非洲猪瘟防控工作的意见》的相关规定，明确了跨省通过道路运输动物的，应当经省人民政府设立的指定通道进入并接受查验；同时规定了跨省运输动物的监督检查程序，建立了协同执法工作机制，保障执法行为可操作、可执行。

一、设立指定通道的背景

《动物防疫法》第五十三条规定，跨省、自治区、直辖市通过道路运输动物的，应当经省、自治区、直辖市人民政府设立的指定通道入省境或者过省境。

《动物检疫管理办法》第四十六条对此也进行了规定。2019 年《国务院办公厅关于加强非洲猪瘟防控工作的意见》提出，建立生猪指定通道运输制度，生猪调运必须经指定通道运输。在重点养殖区域周边、省际以及指定通道道口，结合公路检查站等设施，科学设立临时性动物卫生监督检查站，配齐相关检测仪器设施设备。2021 年农业农村部印发的《非洲猪瘟等重大动物疫病分区防控工作方案（试行）》指出，加强区域联动，强化部门协作，形成工作合力。坚持现行有效防控措施，不断创新方式方法，提升生猪等重要畜产品全产业链风险管控能力，降低动物疫病跨区域传播风险。将全国划分为五个大区开展分区防控工作，其中中南区包括福建、江西、湖南、广东、广西、海南等六省（自治区）。湖南省设立指定通道是为了落实国家非洲猪瘟等重大动物疫情区域化防控和中南区六省（自治区）联防联控工作要求，形成统一高效、整体运行的动物运输环节监管网络，构筑非洲猪瘟等重大动物疫情保护屏障，切断疫情传播途径，降低疫情跨区域、跨省传播风险，严防因调运导致非洲猪瘟等重大动物疫情的扩散蔓延，努力提高输入性动物生物安全监管水平，保障畜禽产品稳定供应和人民群众食肉安全。

二、指定通道的设置

《动物防疫法》第五十三条规定，“省、自治区、直辖市人民政府确定并公布道路运输的动物进入本行政区域的指定通道，设置引导标志”。指定通道由省、自治区、直辖市人民政府确定并公布，并设置引导标志。《动物防疫法》第七十五条规定，“为控制动物疫病，县级人民政府农业农村主管部门应当派人在所在地依法设立的现有检查站执行监督检查任务；必要时，经省、自治区、直辖市人民政府批准，可以设立临时性的动物防疫检查站，执行监督检查任务”。指定通道检查站的设置由省农业农村、公安、交通等部门和高速公路经营单位联合协商后确定，由指定通道所在地政府牵头，负责建设并组织实施，并做好指定通道检查站人员、车辆、监督检查设施设备、疫情防控物资的配备，后勤服务工作，以及指定通道检查站前方所需的提示、指引牌，减速、警示标志由县级人民政府农业农村主管部门派人在所在地依法设立的现有检查站执行监督检查任务。

三、指定通道的规划布局和建设内容

（一）规划布局

围绕湖南省省际边境，以入省公路方向为主，综合考虑现有公路路网布局、生猪车辆流量、监管能力及实际监管发挥的作用等因素，指定29条入湘动物运输通道，设置29个指定通道检查站。指定通道检查站选址由当地政府会同有关部门现场勘查，选择地势平坦、视野开阔，既能满足监督检查需要，又能保障道路交通安全的地方。高速公路指定通道检查站设于入湘高速公路第一个收费站出口以外。

（二）建设内容

指定通道检查站应有检查、消毒的工作场地，配备检查、消毒、人员防护、办公以及夜间所需照明、夜光标志等功能性设施设备，水、电、通信、网络等需保持畅通，确保指定通道检查站常态化、规范化、信息化运作。指定通道检查站前方须设提示和指引牌，以及减速、警示标志。

四、指定通道主要工作职能

（1）对进入湖南省境的生猪及生猪产品开展监督检查，查验相关证明。

（2）对生猪及生猪产品的运载工具实施消毒。

（3）对符合规定调入的，由指定通道检查站在《动物检疫合格证明》上加盖专用章后放行；对不符合规定的依法依规进行处理，涉嫌犯罪的由公安机关查处。

（4）发现动物疫情，按有关规定报告并采取相应处理措施。

（5）对检查的情况进行登记、汇总。

（6）落实湖南省防治重大动物疫情指挥部部署安排的其他动物防疫任务。

五、指定通道工作要求

跨省通过道路运输动物经过指定通道是法定义务。跨省、自治区、直辖市通过道路运输动物的，应当经省、自治区、直辖市人民政府设立的指定通道入省境或者过省境，并接受监管检查，这是加强动物流通环节监管、强化动物运输管理、打击动物违法违规调运、有效防范重大动物疫病传播蔓延的一项重要措施。“任何单位和个人不得接收《动物检疫合格证明》未加盖指定通道检查专用章进入本省的动物”是一项禁止性规定，有利于落实运输主体和接收主体的责任，推动形成涉及养殖、运输、屠宰等环节全链条的监管模式。接收主体违反违禁性规定，《实施办法》第二十一条设置了处罚条款。

六、协同执法工作机制

指定通道检查站所在地县级以上人民政府应当加强对指定通道检查站工作的领导，当发生重大动物疫情时，应根据动物疫病预防、控制的需要，统一指挥、统一配置资源，组织公安、交通运输、农业农村等部门统一行动，通过在指定通道检查站开展协同执法等措施，充分发挥指定通道检查站防疫堵疫职能作用。

第十九条 【落地监管】

从本省行政区域外引进用于饲养、销售的非种用、非乳用动物，货主或者承运人应当在动物到达输入地前一日向输入地动物卫生监督机构报告；在到达输入地后接受动物卫生监督机构的监督检查，出示动物检疫证明。

从本省行政区域外引进用于饲养、销售的非种用、非乳用牛羊应当从布鲁氏菌病低风险区域（非免疫区）或者无疫区、无疫小区、净化场调入。

【解读】本条是关于从省外引进用于饲养、销售的非种用、非乳用动物落地报告并接受监督检查以及从省外引进非种用、非乳用牛羊的规定，旨在细化和落实《动物检疫管理办法》第四十七条和《中华人民共和国农业农村部公告第2号》第六条的相关规定。

一、限制调运政策出台背景

为有效防控动物疫病，减少畜禽长距离移动，降低动物疫病传播风险，维护养殖业生产安全和畜禽产品质量安全，2018年，农业农村部颁布了《中华人民共和国农业农村部公告第2号》，就加强和规范畜禽移动监管进行规定。为贯彻习近平总书记关于加强国家生物安全风险防控和治理体系建设指示精神，坚持人民至上、生命至上，实行积极防御、系统治理，有效控制传染源、阻断传播途径、提高抗病能力，切实做好布鲁氏菌病（简称布病）源头防控工作，维护畜牧业生产安全、公共卫生安全和生物安全，2022年农业农村部先后制定了

《畜间布鲁氏菌病防控五年行动方案（2022—2026 年）》《全国畜间人兽共患病防治规划》（2022—2030 年）等规范性文件。

二、跨省引进动物的落地报告

（一）跨省引进种用、乳用动物的隔离观察

《动物防疫法》第五十五条规定，跨省、自治区、直辖市引进的种用、乳用动物到达输入地后，货主应当按照国务院农业农村主管部门的规定对引进的种用、乳用动物进行隔离观察。《动物检疫管理办法》第十七条具体规定，跨省、自治区、直辖市引进的乳用、种用动物到达输入地后，应当在隔离场或者饲养场内的隔离舍进行隔离观察，隔离期为三十天。经隔离观察合格的，方可混群饲养；不合格的，按照有关规定进行处理。隔离观察合格后需要继续运输的，货主应当申报检疫，并取得动物检疫证明。

（二）跨省引进非种用、非乳用动物的落地报告

《动物检疫管理办法》第四十七条规定，运输用于继续饲养或屠宰的畜禽到达目的地后，货主或者承运人应当在三日内向启运地县级动物卫生监督机构报告；目的地饲养场（户）或者屠宰加工场所应当在接收畜禽后三日内向所在地县级动物卫生监督机构报告。《中华人民共和国农业农村部公告第 2 号》第六条规定，从低风险区向高风险区引进用于饲养的非种用、乳用动物的，畜禽养殖场（户）应当在动物运抵后 24 小时内向所在地县级动物卫生监督机构报告，并接受监督检查。为进一步压实行政相对人动物防疫主体责任，加快推进动物防疫全链条智慧监管，本条第一款与《动物检疫管理办法》第四十七条和《中华人民共和国农业农村部公告第 2 号》第六条的落地报告制度进行了有效衔接，增加了跨省引进用于饲养、销售的非种用、非乳用动物落地报告并接受监督检查的规定，并将报告时间调整为“动物到达输入地前一日”向输入地动物卫生监督机构报告。目前各级农业农村主管部门正在完善动物检疫管理信息系统，将为非种用、非乳用动物落地报告提供便利。

三、跨省引进动物的监管

湖南省各级农业农村主管部门监管机构通过湖南省动物卫生监督信息平台“跨省调入管理”和“落地监管”功能模块，可及时掌握省外和省内调入动物情况并实施有效监管。此外，《动物检疫管理办法》第四十九条第一项对从本省行政区域外引进用于饲养或者屠宰的畜禽到达目的地后未向启运地动物卫生监督机构报告设置了处罚条款，由县级以上地方人民政府农业农村主管部门处一千元以上三千元以下罚款；情节严重的，处三千元以上三万元以下罚款。《动物防疫法》第九十八条第六项对跨省、自治区、直辖市引进种用、乳用动物到达输入地后未按照规定进行隔离观察的设置了处罚条款，由县级以上地方人民政府农业农村主管部门责令改正，处三千元以上三万元以下罚款；情节严重的，责令停业整顿，并处三万元以上十万元以下罚款。而对从本省行政区域外引进用于饲养、销售的非种用、非乳用动物，未向输入地动物卫生监督机构报告的，《实施办法》第二十一条第三项设置了处罚条款，对个人处五百元罚款，对单位处五千元以上一万元以下罚款。

四、跨省引进非种用、非乳用牛羊的要求

《中华人民共和国农业农村部公告第 2 号》第二条规定，为有效防控动物疫病，用于饲养的畜禽不得从高风险区调运到低风险区，种用、乳用动物(不含淘汰的)除外；用于屠宰的畜禽可跨风险区从养殖场(户)“点对点”调运到屠宰场，调运途中不得卸载。《农业农村部关于印发〈畜间布鲁氏菌病防控五年行动方案(2022—2026 年)〉的通知》和《农业农村部关于印发〈全国畜间人兽共患病防治规划(2022—2030 年)〉的通知》同时规定，为加强活畜跨区域调运监管，防止畜间布病跨区域传播，除布病无疫区、无疫小区、净化场，以及用于屠宰和种用乳用外，跨省调运时，禁止布病易感动物从高风险区域(免疫区)向低风险区域(非免疫区)调运。湖南省牛羊除口蹄疫实施强制免疫政策外，布病实行非免疫防控策略，全省禁止从高风险区域(免疫区) 引进继续饲养的牛羊(无疫

区、无疫小区、净化场，以及种用、乳用和点对点调运至屠宰场的除外，布病免疫县和免疫奶牛场名单见《农业农村部畜牧兽医局关于印发2024年度布鲁氏菌病免疫县和免疫奶牛场名单的通知》)，免疫县和免疫奶牛场今后有变化的以农业农村部公布的为准。本条第二款对非种用、非乳用牛羊调入区域进行了明确，进一步强化了畜间布鲁氏菌病的防控。

第二十条 【物资保障】

县级以上人民政府应当完善冷链、检测、监测、交通运输、清洗消毒、检疫、无害化处理、指定通道、监督等方面的动物防疫基础设施，建立健全动物疫病防控物资储备制度，做好动物防疫物资的应急储备和保障供给工作。

【解读】本条是关于动物防疫工作物资保障的规定，旨在落实《动物防疫法》第八十四条物资保障、《生物安全法》第七十条的相关规定，明确了县级以上人民政府应当完善动物防疫相关基础设施，同时要建立健全动物疫病防控物资储备制度，做好动物防疫物资的应急储备和保障供给工作。

一、加强动物防疫基础设施建设

县级以上人民政府要将动物疫病防治纳入本级经济和社会发展规划及年度计划，将动物疫病监测、预防、控制、扑灭、动物产品有毒有害物质残留检测管理等工作所需经费纳入本级财政预算，实行统一管理。中央财政对重大动物疫病的强制免疫、监测、扑杀、无害化处理等工作经费给予适当补助，并通过国家科技计划（专项）等对相关领域的研究进行支持。地方财政主要负担地方强制免疫疫病的免疫和扑杀经费、开展动物防疫所需的工作经费和人员经费，以及地方专项动物疫病防治经费。生产企业负担本企业动物防疫工作的经费支出。加强动物防疫基础设施建设，编制和实施动物防疫体系建设规划，进一步健全完善动物疫病预防控制、动物卫生监督执法、兽药监察和残留监控、动物疫病防治技术支撑等基础设施。本条明确了县级以上人民政府应当完善冷链、检测、监测、交通运输、清洗消毒、检疫、无害化处理、指定通道、监督等方面的动物防疫基础设施，从各个环节保障动物防疫工作的有效落实。

二、建立健全动物疫病防控物资储备制度

建立动物疫病防控物资储备制度的目的是在突发疫情时，有能力进行应对和处置。《国家突发重大动物疫情应急预案》规定：“各级兽医行政管理部门应按照计划建立紧急防疫物资储备库，储备足够的药品、疫苗、诊断试剂、器械、防护用品、交通及通信工具等。”各地要建立健全重大动物疫情应急物资储备制度，做好诊断试剂、消毒用品、封锁设施设备、防护用品等防疫物资储备。

疫苗、药品、设施设备和防护用品等是动物防疫和重大动物疫情应急处理不可缺少的必备物资，没有物资准备，就无法及时应对突发疫情。动物疫病防控物资储备制度主要由两大部分组成，即动物防疫物资的专项储备和应急储备。应急储备物资的品种和数量由省、自治区、直辖市人民政府规定。

动物防疫物资储备，要实行品种、总量平衡，动态管理。承担药品储备任务的单位，要按照科学、合理的储备周期，制定相应办法。储备的防疫物资应当定期检查，确保质量品种和数量，以保证在紧急需要时，调得出、供得上、质量好、品种全。

动物防疫应急物资储备库建设及储备标准，可以参照《动物防疫应急物资储备库建设标准》（NY/T 3240—2018）执行。

第二十一条 【法律责任一】

违反本办法规定，有下列行为之一的，由县级以上人民政府农业农村主管部门按照下列规定予以处理：

（一）经营动物、动物产品的集贸市场未按照本办法要求休市、清洗和消毒的，责令改正；拒不改正的，处三千元以上一万元以下罚款；情节严重的，处一万元以上三万元以下罚款。

（二）接收未经指定通道查验并加盖专用章进入本省的动物的，对接收单位或者个人予以警告，并处三千元以上三万元以下罚款。

（三）从本省行政区域外引进用于饲养、销售的非种用、非乳用动物，未向输入地动物卫生监督机构报告的，对个人处五百元罚款，对单位处五千元以上一万元以下罚款。

【解读】本条是对违反集贸市场管理、接收未经指定通道进入本省的动物和未报告引进销售非种用非乳用动物规定的法律责任的规定。

一、经营动物、动物产品的集贸市场未按照要求休市、清洗和消毒

活畜禽交易市场的畜禽来源复杂，人员流动较大，一旦禽流感病毒、非洲猪瘟病毒、布鲁氏菌等动物疫病和人畜共患病病原随着畜禽进入市场，可在畜禽间传播，并迅速污染市场环境。活畜禽交易市场中外环境的污染情况越严

重，人感染禽流感等人畜共患病的风险就越高。为此，活畜禽交易市场要落实动物防疫管理制度，坚持“一天一清洗、一周一消毒、一月一休市”制度。经营集贸市场的主体应当履行管理义务，从而降低动物疫病风险。

对此，《动物防疫法》第二十六条规定了集贸市场应当具备国务院农业农村主管部门规定的动物防疫条件；第九十八条规定了经营动物、动物产品的集贸市场不具备国务院农业农村主管部门规定的防疫条件的，由县级以上地方人民政府农业农村主管部门责令改正，处三千元以上三万元以下罚款；情节严重的，责令停业整顿，并处三万元以上十万元以下罚款。

《实施办法》第七条进一步细化了《动物防疫法》第二十六条的规定，规定了集贸市场应履行的义务。本条对违反《实施办法》第七条规定的行为，即经营动物、动物产品的集贸市场未按照《实施办法》要求休市、清洗和消毒的，设置了罚则。县级以上农业农村主管部门发现集贸市场未履行义务的，应当责令改正；对拒不改正的，应视情况处三千元以上一万元以下罚款；情节严重的，处一万元以上三万元以下罚款。

二、接收未经指定通道查验并加盖专用章进入本省的动物

为加强畜禽调运监管，严防重大动物疫情经运输环节传播，依据《动物防疫法》第五十三条对外省进入湖南省的动物、动物产品实行指定通道管理。外省经公路运输动物、动物产品必须经指定通道进入湖南省，并随附《动物检疫合格证明》及国家规定的有关材料，到指定通道动物防疫监督检查站报验，接受监督检查和信息登记。检查合格的，在《动物检疫合格证明》上签章放行；检查不合格的，依法进行处理。

《动物防疫法》第一百零二条对违反指定通道管理的运输人规定了罚则，该条规定：“违反本法规定，通过道路跨省、自治区、直辖市运输动物，未经省、自治区、直辖市人民政府设立的指定通道入省境或者过省境的，由县级以上地方人民政府农业农村主管部门对运输人处五千元以上一万元以下罚款；情节严重的，处一万元以上五万元以下罚款。”

《实施办法》第十八条进一步细化了《动物防疫法》指定通道管理的规定，

禁止单位和个人接收《动物检疫合格证明》未加盖指定通道检查专用章进入本省的动物。本条针对禁止性规范设置罚则，规定了对接收未经指定通道查验并加盖专用章进入湖南省动物的接收单位和个人的罚款。通过责任机制，进一步保障了指定通道制度的落实。根据本条规定，接收未经指定通道查验并加盖专用章进入本省的动物的，对接收单位或者个人予以警告，并处三千元以上三万元以下罚款。

三、从湖南省行政区域外引进用于饲养、销售的非种用、非乳用动物，未向输入地动物卫生监督机构报告

为加强动物调运的防疫监督，保障畜牧业健康发展，《实施办法》第十九条对货主或者承运人设定了报告义务，即从湖南省外引进用于饲养、销售的非种用、非乳用动物时，应当在动物到达输入地前一日向输入地动物卫生监督机构报告。

本条与《动物检疫管理办法》第四十九条罚则形成有效衔接。从本省行政区域外引进用于饲养、销售的非种用、非乳用动物的货主或者承运人，到达输入地前一日未向输入地动物卫生监督机构报告的，应当适用本条规定，对个人处五百元罚款，对单位处五千元以上一万元以下罚款。运输用于继续饲养或者屠宰的畜禽到达目的地后，货主或者承运人未向启运地动物卫生监督机构报告的，应当适用《动物检疫管理办法》第四十九条的规定，由县级以上地方人民政府农业农村主管部门处一千元以上三千元以下罚款；情节严重的，处三千元以上三万元以下罚款。

第二十二条 【法律责任二】

违反本办法规定，将无害化处理产物作为食品销售或者用于食品生产，尚不构成犯罪的，由市场监督管理部门没收违法所得、违法生产经营的食品，并可以没收用于违法生产经营的工具、设备、原料等物品；违法生产经营的食品货值金额不足一万元的，并处十万元以上十五万元以下罚款；货值金额一万元以上的，并处货值金额十五倍以上三十倍以下罚款；情节严重的，吊销许可证，并由公安机关对其直接负责的主管人员和其他直接责任人员处五日以上十五日以下拘留。

【解读】本条对无害化处理产物作为食品销售或者用于食品生产的禁止性行为的法律责任的规定。

一、适用对象

本条针对的主体是无害化处理产物作为食品销售或者用于食品生产的单位或个人。

二、实施责任追究的主体

市场监督管理部门主要负责食品安全监督管理，建立覆盖食品生产、流通、消费全过程的监督检查制度和隐患排查治理机制并组织实施，防范区域性、系统性食品安全风险；推动建立食品生产经营者落实主体责任机制，健全食品安全追溯体系；组织开展食品安全监督抽检、风险监测、核查处置和风险预警、风险交流工作；组织实施特殊食品备案和监督管理等。因此，考虑实际工作情况，本条规定实施责任追究的主体是市场监督管理部门。

三、行为规范

《实施办法》第十五条规定“禁止将无害化处理产物作为食品销售或者用于食品生产”，旨在落实《中华人民共和国食品安全法》第三十四条第七项“禁止生产经营病死、毒死或者死因不明的禽、畜、兽、水产动物肉类及其制品”的规定。本条依据《食品安全法》第一百二十三条的规定，明确了违反禁止性行为的罚则。对尚不构成犯罪的，由市场监督管理部门没收违法所得、违法生产经营的食品，并可以没收用于违法生产经营的工具、设备、原料等物品；对违法生产经营的食品货值金额不足一万元的，并处十万元以上十五万元以下罚款；对违法生产经营的食品货值金额一万元以上的，并处货值金额十五倍以上三十倍以下罚款；情节严重的，应当在没收和处罚外，吊销许可证，并由公安机关对其直接负责的主管人员和其他直接责任人员处五日以上十五日以下拘留。

第二十三条 【法律责任三】

各级人民政府、有关部门及其工作人员未依照本办法规定履行职责的，由有权机关责令改正，通报批评，对直接负责的主管人员和其他直接责任人员依法给予处分。

【解读】本条是关于各级人民政府、有关部门及其工作人员未依照本办法规定履行职责的法律责任的规定。

各级人民政府、有关部门及其工作人员依照本办法规定履行相关职责的规定，旨在落实《动物防疫法》第八十一条的规定。本着有权必有责、失职失责必追究的原则，各级人民政府、有关部门及其工作人员应当认真履行职责，密切配合，共同做好动物防疫工作。

一、履职内容

各级人民政府、有关部门及其工作人员，在履行《实施办法》规定的动物防疫相关职责时，应当积极履职，对存在的有法不依、执法不严、违法不究、滥用职权、玩忽职守、徇私舞弊等违法行为，应当依法给予处分或追究刑事责任。

二、未履职的行为

(1)不依法作出行政许可的。《实施办法》规定了开办动物饲养场和隔离场所、动物屠宰加工场所以及动物和动物产品无害化处理场所的条件审查制度等有关动物防疫的行政许可的内容，有关单位和人员依法向行政机关提出申请后，受理申请的主管部门应当依照《实施办法》和行政许可法的规定进行审查，经审查合格的发放有关许可，不合格的应当按照规定通知申请人并说明理由。不依法作出行政许可的行为既包括应许可而不许可的行政不作为，如对符合法定条件的行政许可申请不予受理、对符合法定条件的申请人不予许可或者不在法定期限内作出准予许可决定，也包括不依法许可的行政乱作为，如对不符合法定条件的申请人准予行政许可或者超越法定职权作出准予行政许可决定等。

(2)发现违法行为或者接到对违法行为的举报不予查处或者不依法查处的。农业农村主管部门及其他有关部门在实施监督管理的过程中，发现违法行为或者接到举报的，应当秉公执法，依法进行查处；不属于本部门执法职责范围的，应当按程序移送给有管辖权的部门。不依法查处的，或者不按规定移送的，都属于未依法履职的行为，应当依法受到责任追究。

(3)其他不依法履行职责的行为。省级和省级以下各级人民政府及其农业农村、卫生健康、林业草原、市场监管、自然资源、公安、交通运输等有关部门和下属机构在依照《实施办法》开展动物疫病的监测预防、控制、净化、消灭，动物、动物产品的检疫和病死动物的无害化处理，以及动物防疫宣传教育、表彰奖励、补助抚恤等有关动物防疫的各项工作时，都应当忠于职守、勤勉尽责、依法依规、接受监督。

三、未履职的法律责任

省级和省级以下各级人民政府及其工作人员未依照《实施办法》规定履行职责的，对直接负责的主管人员和其他直接责任人员依法给予处分。根据《中华人民共和国公务员法》的规定，处分包括警告、记过、记大过、降级、撤职、开除。《公务员法》同时规定，公务员因违纪违法应当承担纪律责任的，依照《公务员法》给予处分或者由监察机关依法给予政务处分；违纪违法行为情节轻微，经批评教育后改正的，可以免予处分。对同一违纪违法行为，监察机关已经作出政务处分决定的，公务员所在机关不再给予处分。法律法规授权的具有公共事务管理职能的事业单位中除工勤人员以外的工作人员，经批准参照《公务员法》进行管理。根据《中华人民共和国公职人员政务处分法》的规定，政务处分也分为警告、记过、记大过、降级、撤职、开除六种。

第二十四条 【实施日期】

本办法自2023年12月1日起施行。

【解读】本条是对本办法时间效力的规定。

法律的作用在于实施，法律的权威也在于实施，再好的法律只有宣传到群众中去、落实到工作中来，才能收到实实在在的效果。《湖南省实施〈中华人民共和国动物防疫法〉办法》于2023年9月22日经湖南省第十四届人民代表大会常务委员会第五次会议修订通过并公布。湖南省人大常委会在充分考虑我省实际情况的基础上，规定《实施办法》于2023年12月1日起施行。

第三部分

附 录

中华人民共和国动物防疫法

（主席令第六十九号）

（1997 年 7 月 3 日第八届全国人民代表大会常务委员会第二十六次会议通过　2007 年 8 月 30 日第十届全国人民代表大会常务委员会第二十九次会议第一次修订　根据 2013 年 6 月 29 日第十二届全国人民代表大会常务委员会第三次会议《关于修改〈中华人民共和国文物保护法〉等十二部法律的决定》第一次修正　根据 2015 年 4 月 24 日第十二届全国人民代表大会常务委员会第十四次会议《关于修改〈中华人民共和国电力法〉等六部法律的决定》第二次修正　2021 年 1 月 22 日第十三届全国人民代表大会常务委员会第二十五次会议第二次修订）

第一章　总　则

第一条　为了加强对动物防疫活动的管理，预防、控制、净化、消灭动物疫病，促进养殖业发展，防控人畜共患传染病，保障公共卫生安全和人体健康，制定本法。

第二条　本法适用于在中华人民共和国领域内的动物防疫及其监督管理活动。

进出境动物、动物产品的检疫，适用《中华人民共和国进出境动植物检疫法》。

第三条　本法所称动物，是指家畜家禽和人工饲养、捕获的其他动物。

本法所称动物产品，是指动物的肉、生皮、原毛、绒、脏器、脂、血液、精液、卵、胚胎、骨、蹄、头、角、筋以及可能传播动物疫病的奶、蛋等。

本法所称动物疫病，是指动物传染病，包括寄生虫病。

本法所称动物防疫，是指动物疫病的预防、控制、诊疗、净化、消灭和动物、动物产品的检疫，以及病死动物、病害动物产品的无害化处理。

第四条 根据动物疫病对养殖业生产和人体健康的危害程度，本法规定的动物疫病分为下列三类：

（一）一类疫病，是指口蹄疫、非洲猪瘟、高致病性禽流感等对人、动物构成特别严重危害，可能造成重大经济损失和社会影响，需要采取紧急、严厉的强制预防、控制等措施的；

（二）二类疫病，是指狂犬病、布鲁氏菌病、草鱼出血病等对人、动物构成严重危害，可能造成较大经济损失和社会影响，需要采取严格预防、控制等措施的；

（三）三类疫病，是指大肠杆菌病、禽结核病、鳖腮腺炎病等常见多发，对人、动物构成危害，可能造成一定程度的经济损失和社会影响，需要及时预防、控制的。

前款一、二、三类动物疫病具体病种名录由国务院农业农村主管部门制定并公布。国务院农业农村主管部门应当根据动物疫病发生、流行情况和危害程度，及时增加、减少或者调整一、二、三类动物疫病具体病种并予以公布。

人畜共患传染病名录由国务院农业农村主管部门会同国务院卫生健康、野生动物保护等主管部门制定并公布。

第五条 动物防疫实行预防为主，预防与控制、净化、消灭相结合的方针。

第六条 国家鼓励社会力量参与动物防疫工作。各级人民政府采取措施，支持单位和个人参与动物防疫的宣传教育、疫情报告、志愿服务和捐赠等活动。

第七条 从事动物饲养、屠宰、经营、隔离、运输以及动物产品生产、经营、加工、贮藏等活动的单位和个人，依照本法和国务院农业农村主管部门的规定，做好免疫、消毒、检测、隔离、净化、消灭、无害化处理等动物防疫工作，承担动物防疫相关责任。

第八条 县级以上人民政府对动物防疫工作实行统一领导，采取有效措施稳定基层机构队伍，加强动物防疫队伍建设，建立健全动物防疫体系，制定并组织实施动物疫病防治规划。

乡级人民政府、街道办事处组织群众做好本辖区的动物疫病预防与控制工作，村民委员会、居民委员会予以协助。

第九条 国务院农业农村主管部门主管全国的动物防疫工作。

县级以上地方人民政府农业农村主管部门主管本行政区域的动物防疫工作。

县级以上人民政府其他有关部门在各自职责范围内做好动物防疫工作。

军队动物卫生监督职能部门负责军队现役动物和饲养自用动物的防疫工作。

第十条 县级以上人民政府卫生健康主管部门和本级人民政府农业农村、野生动物保护等主管部门应当建立人畜共患传染病防治的协作机制。

国务院农业农村主管部门和海关总署等部门应当建立防止境外动物疫病输入的协作机制。

第十一条 县级以上地方人民政府的动物卫生监督机构依照本法规定，负责动物、动物产品的检疫工作。

第十二条 县级以上人民政府按照国务院的规定，根据统筹规划、合理布局、综合设置的原则建立动物疫病预防控制机构。

动物疫病预防控制机构承担动物疫病的监测、检测、诊断、流行病学调查、疫情报告以及其他预防、控制等技术工作；承担动物疫病净化、消灭的技术工作。

第十三条 国家鼓励和支持开展动物疫病的科学研究以及国际合作与交流，推广先进适用的科学研究成果，提高动物疫病防治的科学技术水平。

各级人民政府和有关部门、新闻媒体，应当加强对动物防疫法律法规和动物防疫知识的宣传。

第十四条 对在动物防疫工作、相关科学研究、动物疫情扑灭中做出贡献的单位和个人，各级人民政府和有关部门按照国家有关规定给予表彰、奖励。

有关单位应当依法为动物防疫人员缴纳工伤保险费。对因参与动物防疫工作致病、致残、死亡的人员，按照国家有关规定给予补助或者抚恤。

第二章 动物疫病的预防

第十五条 国家建立动物疫病风险评估制度。

国务院农业农村主管部门根据国内外动物疫情以及保护养殖业生产和人体健康的需要，及时会同国务院卫生健康等有关部门对动物疫病进行风险评估，并制定、公布动物疫病预防、控制、净化、消灭措施和技术规范。

省、自治区、直辖市人民政府农业农村主管部门会同本级人民政府卫生健康等有关部门开展本行政区域的动物疫病风险评估，并落实动物疫病预防、控制、净化、消灭措施。

第十六条 国家对严重危害养殖业生产和人体健康的动物疫病实施强制免疫。

国务院农业农村主管部门确定强制免疫的动物疫病病种和区域。

省、自治区、直辖市人民政府农业农村主管部门制定本行政区域的强制免疫计划；根据本行政区域动物疫病流行情况增加实施强制免疫的动物疫病病种和区域，报本级人民政府批准后执行，并报国务院农业农村主管部门备案。

第十七条 饲养动物的单位和个人应当履行动物疫病强制免疫义务，按照强制免疫计划和技术规范，对动物实施免疫接种，并按照国家有关规定建立免疫档案、加施畜禽标识，保证可追溯。

实施强制免疫接种的动物未达到免疫质量要求，实施补充免疫接种后仍不符合免疫质量要求的，有关单位和个人应当按照国家有关规定处理。

用于预防接种的疫苗应当符合国家质量标准。

第十八条 县级以上地方人民政府农业农村主管部门负责组织实施动物疫病强制免疫计划，并对饲养动物的单位和个人履行强制免疫义务的情况进行监督检查。

乡级人民政府、街道办事处组织本辖区饲养动物的单位和个人做好强制免疫，协助做好监督检查；村民委员会、居民委员会协助做好相关工作。

县级以上地方人民政府农业农村主管部门应当定期对本行政区域的强制免疫计划实施情况和效果进行评估，并向社会公布评估结果。

第十九条　国家实行动物疫病监测和疫情预警制度。

县级以上人民政府建立健全动物疫病监测网络，加强动物疫病监测。

国务院农业农村主管部门会同国务院有关部门制定国家动物疫病监测计划。省、自治区、直辖市人民政府农业农村主管部门根据国家动物疫病监测计划，制定本行政区域的动物疫病监测计划。

动物疫病预防控制机构按照国务院农业农村主管部门的规定和动物疫病监测计划，对动物疫病的发生、流行等情况进行监测；从事动物饲养、屠宰、经营、隔离、运输以及动物产品生产、经营、加工、贮藏、无害化处理等活动的单位和个人不得拒绝或者阻碍。

国务院农业农村主管部门和省、自治区、直辖市人民政府农业农村主管部门根据对动物疫病发生、流行趋势的预测，及时发出动物疫情预警。地方各级人民政府接到动物疫情预警后，应当及时采取预防、控制措施。

第二十条　陆路边境省、自治区人民政府根据动物疫病防控需要，合理设置动物疫病监测站点，健全监测工作机制，防范境外动物疫病传入。

科技、海关等部门按照本法和有关法律法规的规定做好动物疫病监测预警工作，并定期与农业农村主管部门互通情况，紧急情况及时通报。

县级以上人民政府应当完善野生动物疫源疫病监测体系和工作机制，根据需要合理布局监测站点；野生动物保护、农业农村主管部门按照职责分工做好野生动物疫源疫病监测等工作，并定期互通情况，紧急情况及时通报。

第二十一条　国家支持地方建立无规定动物疫病区，鼓励动物饲养场建设无规定动物疫病生物安全隔离区。对符合国务院农业农村主管部门规定标准的无规定动物疫病区和无规定动物疫病生物安全隔离区，国务院农业农村主管部门验收合格予以公布，并对其维持情况进行监督检查。

省、自治区、直辖市人民政府制定并组织实施本行政区域的无规定动物疫病区建设方案。国务院农业农村主管部门指导跨省、自治区、直辖市无规定动物疫病区建设。

国务院农业农村主管部门根据行政区划、养殖屠宰产业布局、风险评估情况等对动物疫病实施分区防控，可以采取禁止或者限制特定动物、动物产品跨区域调运等措施。

第二十二条 国务院农业农村主管部门制定并组织实施动物疫病净化、消灭规划。

县级以上地方人民政府根据动物疫病净化、消灭规划，制定并组织实施本行政区域的动物疫病净化、消灭计划。

动物疫病预防控制机构按照动物疫病净化、消灭规划、计划，开展动物疫病净化技术指导、培训，对动物疫病净化效果进行监测、评估。

国家推进动物疫病净化，鼓励和支持饲养动物的单位和个人开展动物疫病净化。饲养动物的单位和个人达到国务院农业农村主管部门规定的净化标准的，由省级以上人民政府农业农村主管部门予以公布。

第二十三条 种用、乳用动物应当符合国务院农业农村主管部门规定的健康标准。

饲养种用、乳用动物的单位和个人，应当按照国务院农业农村主管部门的要求，定期开展动物疫病检测；检测不合格的，应当按照国家有关规定处理。

第二十四条 动物饲养场和隔离场所、动物屠宰加工场所以及动物和动物产品无害化处理场所，应当符合下列动物防疫条件：

（一）场所的位置与居民生活区、生活饮用水水源地、学校、医院等公共场所的距离符合国务院农业农村主管部门的规定；

（二）生产经营区域封闭隔离，工程设计和有关流程符合动物防疫要求；

（三）有与其规模相适应的污水、污物处理设施，病死动物、病害动物产品无害化处理设施设备或者冷藏冷冻设施设备，以及清洗消毒设施设备；

（四）有与其规模相适应的执业兽医或者动物防疫技术人员；

（五）有完善的隔离消毒、购销台账、日常巡查等动物防疫制度；

（六）具备国务院农业农村主管部门规定的其他动物防疫条件。

动物和动物产品无害化处理场所除应当符合前款规定的条件外，还应当具有病原检测设备、检测能力和符合动物防疫要求的专用运输车辆。

第二十五条 国家实行动物防疫条件审查制度。

开办动物饲养场和隔离场所、动物屠宰加工场所以及动物和动物产品无害化处理场所，应当向县级以上地方人民政府农业农村主管部门提出申请，并附具相关材料。受理申请的农业农村主管部门应当依照本法和《中华人民共和国行政许可法》的规定进行审查。经审查合格的，发给动物防疫条件合格证；不合格的，应当通知申请人并说明理由。

动物防疫条件合格证应当载明申请人的名称（姓名）、场（厂）址、动物（动物产品）种类等事项。

第二十六条 经营动物、动物产品的集贸市场应当具备国务院农业农村主管部门规定的动物防疫条件，并接受农业农村主管部门的监督检查。具体办法由国务院农业农村主管部门制定。

县级以上地方人民政府应当根据本地情况，决定在城市特定区域禁止家畜家禽活体交易。

第二十七条 动物、动物产品的运载工具、垫料、包装物、容器等应当符合国务院农业农村主管部门规定的动物防疫要求。

染疫动物及其排泄物、染疫动物产品，运载工具中的动物排泄物以及垫料、包装物、容器等被污染的物品，应当按照国家有关规定处理，不得随意处置。

第二十八条 采集、保存、运输动物病料或者病原微生物以及从事病原微生物研究、教学、检测、诊断等活动，应当遵守国家有关病原微生物实验室管理的规定。

第二十九条 禁止屠宰、经营、运输下列动物和生产、经营、加工、贮藏、运输下列动物产品：

（一）封锁疫区内与所发生动物疫病有关的；

（二）疫区内易感染的；

（三）依法应当检疫而未经检疫或者检疫不合格的；

（四）染疫或者疑似染疫的；

（五）病死或者死因不明的；

（六）其他不符合国务院农业农村主管部门有关动物防疫规定的。

因实施集中无害化处理需要暂存、运输动物和动物产品并按照规定采取防疫措施的，不适用前款规定。

第三十条 单位和个人饲养犬只，应当按照规定定期免疫接种狂犬病疫苗，凭动物诊疗机构出具的免疫证明向所在地养犬登记机关申请登记。

携带犬只出户的，应当按照规定佩戴犬牌并采取系犬绳等措施，防止犬只伤人、疫病传播。

街道办事处、乡级人民政府组织协调居民委员会、村民委员会，做好本辖区流浪犬、猫的控制和处置，防止疫病传播。

县级人民政府和乡级人民政府、街道办事处应当结合本地实际，做好农村地区饲养犬只的防疫管理工作。

饲养犬只防疫管理的具体办法，由省、自治区、直辖市制定。

第三章　动物疫情的报告、通报和公布

第三十一条　从事动物疫病监测、检测、检验检疫、研究、诊疗以及动物饲养、屠宰、经营、隔离、运输等活动的单位和个人，发现动物染疫或者疑似染疫的，应当立即向所在地农业农村主管部门或者动物疫病预防控制机构报告，并迅速采取隔离等控制措施，防止动物疫情扩散。其他单位和个人发现动物染疫或者疑似染疫的，应当及时报告。

接到动物疫情报告的单位，应当及时采取临时隔离控制等必要措施，防止延误防控时机，并及时按照国家规定的程序上报。

第三十二条　动物疫情由县级以上人民政府农业农村主管部门认定；其中重大动物疫情由省、自治区、直辖市人民政府农业农村主管部门认定，必要时报国务院农业农村主管部门认定。

本法所称重大动物疫情，是指一、二、三类动物疫病突然发生，迅速传播，给养殖业生产安全造成严重威胁、危害，以及可能对公众身体健康与生命安全造成危害的情形。

在重大动物疫情报告期间，必要时，所在地县级以上地方人民政府可以作出封锁决定并采取扑杀、销毁等措施。

第三十三条　国家实行动物疫情通报制度。

国务院农业农村主管部门应当及时向国务院卫生健康等有关部门和军队有关部门以及省、自治区、直辖市人民政府农业农村主管部门通报重大动物疫情的发生和处置情况。

海关发现进出境动物和动物产品染疫或者疑似染疫的，应当及时处置并向农业农村主管部门通报。

县级以上地方人民政府野生动物保护主管部门发现野生动物染疫或者疑似染疫的，应当及时处置并向本级人民政府农业农村主管部门通报。

国务院农业农村主管部门应当依照我国缔结或者参加的条约、协定，及时向有关国际组织或者贸易方通报重大动物疫情的发生和处置情况。

第三十四条 发生人畜共患传染病疫情时，县级以上人民政府农业农村主管部门与本级人民政府卫生健康、野生动物保护等主管部门应当及时相互通报。

发生人畜共患传染病时，卫生健康主管部门应当对疫区易感染的人群进行监测，并应当依照《中华人民共和国传染病防治法》的规定及时公布疫情，采取相应的预防、控制措施。

第三十五条 患有人畜共患传染病的人员不得直接从事动物疫病监测、检测、检验检疫、诊疗以及易感染动物的饲养、屠宰、经营、隔离、运输等活动。

第三十六条 国务院农业农村主管部门向社会及时公布全国动物疫情，也可以根据需要授权省、自治区、直辖市人民政府农业农村主管部门公布本行政区域的动物疫情。其他单位和个人不得发布动物疫情。

第三十七条 任何单位和个人不得瞒报、谎报、迟报、漏报动物疫情，不得授意他人瞒报、谎报、迟报动物疫情，不得阻碍他人报告动物疫情。

第四章 动物疫病的控制

第三十八条 发生一类动物疫病时，应当采取下列控制措施：

（一）所在地县级以上地方人民政府农业农村主管部门应当立即派人到现场，划定疫点、疫区、受威胁区，调查疫源，及时报请本级人民政府对疫区实行封锁。疫区范围涉及两个以上行政区域的，由有关行政区域共同的上一级人民政府对疫区实行封锁，或者由各有关行政区域的上一级人民政府共同对疫区实行封锁。必要时，上级人民政府可以责成下级人民政府对疫区实行封锁；

（二）县级以上地方人民政府应当立即组织有关部门和单位采取封锁、隔离、扑杀、销毁、消毒、无害化处理、紧急免疫接种等强制性措施；

（三）在封锁期间，禁止染疫、疑似染疫和易感染的动物、动物产品流出疫区，禁止非疫区的易感染动物进入疫区，并根据需要对出入疫区的人员、运输工具及有关物品采取消毒和其他限制性措施。

第三十九条 发生二类动物疫病时，应当采取下列控制措施：

（一）所在地县级以上地方人民政府农业农村主管部门应当划定疫点、疫区、受威胁区；

（二）县级以上地方人民政府根据需要组织有关部门和单位采取隔离、扑杀、销毁、消毒、无害化处理、紧急免疫接种、限制易感染的动物和动物产品及有关物品出入等措施。

第四十条 疫点、疫区、受威胁区的撤销和疫区封锁的解除，按照国务院农业农村主管部门规定的标准和程序评估后，由原决定机关决定并宣布。

第四十一条 发生三类动物疫病时，所在地县级、乡级人民政府应当按照国务院农业农村主管部门的规定组织防治。

第四十二条 二、三类动物疫病呈暴发性流行时，按照一类动物疫病处理。

第四十三条 疫区内有关单位和个人，应当遵守县级以上人民政府及其农业农村主管部门依法作出的有关控制动物疫病的规定。

任何单位和个人不得藏匿、转移、盗掘已被依法隔离、封存、处理的动物和动物产品。

第四十四条 发生动物疫情时，航空、铁路、道路、水路运输企业应当优先组织运送防疫人员和物资。

第四十五条 国务院农业农村主管部门根据动物疫病的性质、特点和可能造成的社会危害，制定国家重大动物疫情应急预案报国务院批准，并按照不同动物疫病病种、流行特点和危害程度，分别制定实施方案。

县级以上地方人民政府根据上级重大动物疫情应急预案和本地区的实际情况，制定本行政区域的重大动物疫情应急预案，报上一级人民政府农业农村主管部门备案，并抄送上一级人民政府应急管理部门。县级以上地方人民政府农业农村主管部门按照不同动物疫病病种、流行特点和危害程度，分别制定实施方案。

重大动物疫情应急预案和实施方案根据疫情状况及时调整。

第四十六条　发生重大动物疫情时，国务院农业农村主管部门负责划定动物疫病风险区，禁止或者限制特定动物、动物产品由高风险区向低风险区调运。

第四十七条　发生重大动物疫情时，依照法律和国务院的规定以及应急预案采取应急处置措施。

第五章　动物和动物产品的检疫

第四十八条　动物卫生监督机构依照本法和国务院农业农村主管部门的规定对动物、动物产品实施检疫。

动物卫生监督机构的官方兽医具体实施动物、动物产品检疫。

第四十九条　屠宰、出售或者运输动物以及出售或者运输动物产品前，货主应当按照国务院农业农村主管部门的规定向所在地动物卫生监督机构申报检疫。

动物卫生监督机构接到检疫申报后，应当及时指派官方兽医对动物、动物产品实施检疫；检疫合格的，出具检疫证明、加施检疫标志。实施检疫的官方兽医应当在检疫证明、检疫标志上签字或者盖章，并对检疫结论负责。

动物饲养场、屠宰企业的执业兽医或者动物防疫技术人员，应当协助官方兽医实施检疫。

第五十条　因科研、药用、展示等特殊情形需要非食用性利用的野生动物，应当按照国家有关规定报动物卫生监督机构检疫，检疫合格的，方可利用。

人工捕获的野生动物，应当按照国家有关规定报捕获地动物卫生监督机构检疫，检疫合格的，方可饲养、经营和运输。

国务院农业农村主管部门会同国务院野生动物保护主管部门制定野生动物检疫办法。

第五十一条　屠宰、经营、运输的动物，以及用于科研、展示、演出和比赛等非食用性利用的动物，应当附有检疫证明；经营和运输的动物产品，应当附有检疫证明、检疫标志。

第五十二条 经航空、铁路、道路、水路运输动物和动物产品的，托运人托运时应当提供检疫证明；没有检疫证明的，承运人不得承运。

进出口动物和动物产品，承运人凭进口报关单证或者海关签发的检疫单证运递。

从事动物运输的单位、个人以及车辆，应当向所在地县级人民政府农业农村主管部门备案，妥善保存行程路线和托运人提供的动物名称、检疫证明编号、数量等信息。具体办法由国务院农业农村主管部门制定。

运载工具在装载前和卸载后应当及时清洗、消毒。

第五十三条 省、自治区、直辖市人民政府确定并公布道路运输的动物进入本行政区域的指定通道，设置引导标志。跨省、自治区、直辖市通过道路运输动物的，应当经省、自治区、直辖市人民政府设立的指定通道入省境或者过省境。

第五十四条 输入到无规定动物疫病区的动物、动物产品，货主应当按照国务院农业农村主管部门的规定向无规定动物疫病区所在地动物卫生监督机构申报检疫，经检疫合格的，方可进入。

第五十五条 跨省、自治区、直辖市引进的种用、乳用动物到达输入地后，货主应当按照国务院农业农村主管部门的规定对引进的种用、乳用动物进行隔离观察。

第五十六条 经检疫不合格的动物、动物产品，货主应当在农业农村主管部门的监督下按照国家有关规定处理，处理费用由货主承担。

第六章　病死动物和病害动物产品的无害化处理

第五十七条 从事动物饲养、屠宰、经营、隔离以及动物产品生产、经营、加工、贮藏等活动的单位和个人，应当按照国家有关规定做好病死动物、病害动物产品的无害化处理，或者委托动物和动物产品无害化处理场所处理。

从事动物、动物产品运输的单位和个人，应当配合做好病死动物和病害动物产品的无害化处理，不得在途中擅自弃置和处理有关动物和动物产品。

任何单位和个人不得买卖、加工、随意弃置病死动物和病害动物产品。

动物和动物产品无害化处理管理办法由国务院农业农村、野生动物保护主管部门按照职责制定。

第五十八条　在江河、湖泊、水库等水域发现的死亡畜禽，由所在地县级人民政府组织收集、处理并溯源。

在城市公共场所和乡村发现的死亡畜禽，由所在地街道办事处、乡级人民政府组织收集、处理并溯源。

在野外环境发现的死亡野生动物，由所在地野生动物保护主管部门收集、处理。

第五十九条　省、自治区、直辖市人民政府制定动物和动物产品集中无害化处理场所建设规划，建立政府主导、市场运作的无害化处理机制。

第六十条　各级财政对病死动物无害化处理提供补助。具体补助标准和办法由县级以上人民政府财政部门会同本级人民政府农业农村、野生动物保护等有关部门制定。

第七章　动物诊疗

第六十一条　从事动物诊疗活动的机构，应当具备下列条件：

（一）有与动物诊疗活动相适应并符合动物防疫条件的场所；

（二）有与动物诊疗活动相适应的执业兽医；

（三）有与动物诊疗活动相适应的兽医器械和设备；

（四）有完善的管理制度。

动物诊疗机构包括动物医院、动物诊所以及其他提供动物诊疗服务的机构。

第六十二条　从事动物诊疗活动的机构，应当向县级以上地方人民政府农业农村主管部门申请动物诊疗许可证。受理申请的农业农村主管部门应当依照本法和《中华人民共和国行政许可法》的规定进行审查。经审查合格的，发给动物诊疗许可证；不合格的，应当通知申请人并说明理由。

第六十三条　动物诊疗许可证应当载明诊疗机构名称、诊疗活动范围、从业地点和法定代表人(负责人)等事项。

动物诊疗许可证载明事项变更的，应当申请变更或者换发动物诊疗许可证。

第六十四条 动物诊疗机构应当按照国务院农业农村主管部门的规定，做好诊疗活动中的卫生安全防护、消毒、隔离和诊疗废弃物处置等工作。

第六十五条 从事动物诊疗活动，应当遵守有关动物诊疗的操作技术规范，使用符合规定的兽药和兽医器械。

兽药和兽医器械的管理办法由国务院规定。

第八章 兽医管理

第六十六条 国家实行官方兽医任命制度。

官方兽医应当具备国务院农业农村主管部门规定的条件，由省、自治区、直辖市人民政府农业农村主管部门按照程序确认，由所在地县级以上人民政府农业农村主管部门任命。具体办法由国务院农业农村主管部门制定。

海关的官方兽医应当具备规定的条件，由海关总署任命。具体办法由海关总署会同国务院农业农村主管部门制定。

第六十七条 官方兽医依法履行动物、动物产品检疫职责，任何单位和个人不得拒绝或者阻碍。

第六十八条 县级以上人民政府农业农村主管部门制定官方兽医培训计划，提供培训条件，定期对官方兽医进行培训和考核。

第六十九条 国家实行执业兽医资格考试制度。具有兽医相关专业大学专科以上学历的人员或者符合条件的乡村兽医，通过执业兽医资格考试的，由省、自治区、直辖市人民政府农业农村主管部门颁发执业兽医资格证书；从事动物诊疗等经营活动的，还应当向所在地县级人民政府农业农村主管部门备案。

执业兽医资格考试办法由国务院农业农村主管部门商国务院人力资源主管部门制定。

第七十条 执业兽医开具兽医处方应当亲自诊断，并对诊断结论负责。

国家鼓励执业兽医接受继续教育。执业兽医所在机构应当支持执业兽医参加继续教育。

第七十一条　乡村兽医可以在乡村从事动物诊疗活动。具体管理办法由国务院农业农村主管部门制定。

第七十二条　执业兽医、乡村兽医应当按照所在地人民政府和农业农村主管部门的要求，参加动物疫病预防、控制和动物疫情扑灭等活动。

第七十三条　兽医行业协会提供兽医信息、技术、培训等服务，维护成员合法权益，按照章程建立健全行业规范和奖惩机制，加强行业自律，推动行业诚信建设，宣传动物防疫和兽医知识。

第九章　监督管理

第七十四条　县级以上地方人民政府农业农村主管部门依照本法规定，对动物饲养、屠宰、经营、隔离、运输以及动物产品生产、经营、加工、贮藏、运输等活动中的动物防疫实施监督管理。

第七十五条　为控制动物疫病，县级人民政府农业农村主管部门应当派人在所在地依法设立的现有检查站执行监督检查任务；必要时，经省、自治区、直辖市人民政府批准，可以设立临时性的动物防疫检查站，执行监督检查任务。

第七十六条　县级以上地方人民政府农业农村主管部门执行监督检查任务，可以采取下列措施，有关单位和个人不得拒绝或者阻碍：

（一）对动物、动物产品按照规定采样、留验、抽检；

（二）对染疫或者疑似染疫的动物、动物产品及相关物品进行隔离、查封、扣押和处理；

（三）对依法应当检疫而未经检疫的动物和动物产品，具备补检条件的实施补检，不具备补检条件的予以收缴销毁；

（四）查验检疫证明、检疫标志和畜禽标识；

（五）进入有关场所调查取证，查阅、复制与动物防疫有关的资料。

县级以上地方人民政府农业农村主管部门根据动物疫病预防、控制需要，经所在地县级以上地方人民政府批准，可以在车站、港口、机场等相关场所派驻官方兽医或者工作人员。

第七十七条 执法人员执行动物防疫监督检查任务，应当出示行政执法证件，佩带统一标志。

县级以上人民政府农业农村主管部门及其工作人员不得从事与动物防疫有关的经营性活动，进行监督检查不得收取任何费用。

第七十八条 禁止转让、伪造或者变造检疫证明、检疫标志或者畜禽标识。

禁止持有、使用伪造或者变造的检疫证明、检疫标志或者畜禽标识。

检疫证明、检疫标志的管理办法由国务院农业农村主管部门制定。

第十章 保障措施

第七十九条 县级以上人民政府应当将动物防疫工作纳入本级国民经济和社会发展规划及年度计划。

第八十条 国家鼓励和支持动物防疫领域新技术、新设备、新产品等科学技术研究开发。

第八十一条 县级人民政府应当为动物卫生监督机构配备与动物、动物产品检疫工作相适应的官方兽医，保障检疫工作条件。

县级人民政府农业农村主管部门可以根据动物防疫工作需要，向乡、镇或者特定区域派驻兽医机构或者工作人员。

第八十二条 国家鼓励和支持执业兽医、乡村兽医和动物诊疗机构开展动物防疫和疫病诊疗活动；鼓励养殖企业、兽药及饲料生产企业组建动物防疫服务团队，提供防疫服务。地方人民政府组织村级防疫员参加动物疫病防治工作的，应当保障村级防疫员合理劳务报酬。

第八十三条 县级以上人民政府按照本级政府职责，将动物疫病的监测、预防、控制、净化、消灭，动物、动物产品的检疫和病死动物的无害化处理，以及监督管理所需经费纳入本级预算。

第八十四条 县级以上人民政府应当储备动物疫情应急处置所需的防疫

物资。

第八十五条　对在动物疫病预防、控制、净化、消灭过程中强制扑杀的动物、销毁的动物产品和相关物品，县级以上人民政府给予补偿。具体补偿标准和办法由国务院财政部门会同有关部门制定。

第八十六条　对从事动物疫病预防、检疫、监督检查、现场处理疫情以及在工作中接触动物疫病病原体的人员，有关单位按照国家规定，采取有效的卫生防护、医疗保健措施，给予畜牧兽医医疗卫生津贴等相关待遇。

第十一章　法律责任

第八十七条　地方各级人民政府及其工作人员未依照本法规定履行职责的，对直接负责的主管人员和其他直接责任人员依法给予处分。

第八十八条　县级以上人民政府农业农村主管部门及其工作人员违反本法规定，有下列行为之一的，由本级人民政府责令改正，通报批评；对直接负责的主管人员和其他直接责任人员依法给予处分：

（一）未及时采取预防、控制、扑灭等措施的；

（二）对不符合条件的颁发动物防疫条件合格证、动物诊疗许可证，或者对符合条件的拒不颁发动物防疫条件合格证、动物诊疗许可证的；

（三）从事与动物防疫有关的经营性活动，或者违法收取费用的；

（四）其他未依照本法规定履行职责的行为。

第八十九条　动物卫生监督机构及其工作人员违反本法规定，有下列行为之一的，由本级人民政府或者农业农村主管部门责令改正，通报批评；对直接负责的主管人员和其他直接责任人员依法给予处分：

（一）对未经检疫或者检疫不合格的动物、动物产品出具检疫证明、加施检疫标志，或者对检疫合格的动物、动物产品拒不出具检疫证明、加施检疫标志的；

（二）对附有检疫证明、检疫标志的动物、动物产品重复检疫的；

（三）从事与动物防疫有关的经营性活动，或者违法收取费用的；

（四）其他未依照本法规定履行职责的行为。

第九十条 动物疫病预防控制机构及其工作人员违反本法规定，有下列行为之一的，由本级人民政府或者农业农村主管部门责令改正，通报批评；对直接负责的主管人员和其他直接责任人员依法给予处分：

（一）未履行动物疫病监测、检测、评估职责或者伪造监测、检测、评估结果的；

（二）发生动物疫情时未及时进行诊断、调查的；

（三）接到染疫或者疑似染疫报告后，未及时按照国家规定采取措施、上报的；

（四）其他未依照本法规定履行职责的行为。

第九十一条 地方各级人民政府、有关部门及其工作人员瞒报、谎报、迟报、漏报或者授意他人瞒报、谎报、迟报动物疫情，或者阻碍他人报告动物疫情的，由上级人民政府或者有关部门责令改正，通报批评；对直接负责的主管人员和其他直接责任人员依法给予处分。

第九十二条 违反本法规定，有下列行为之一的，由县级以上地方人民政府农业农村主管部门责令限期改正，可以处一千元以下罚款；逾期不改正的，处一千元以上五千元以下罚款，由县级以上地方人民政府农业农村主管部门委托动物诊疗机构、无害化处理场所等代为处理，所需费用由违法行为人承担：

（一）对饲养的动物未按照动物疫病强制免疫计划或者免疫技术规范实施免疫接种的；

（二）对饲养的种用、乳用动物未按照国务院农业农村主管部门的要求定期开展疫病检测，或者经检测不合格而未按照规定处理的；

（三）对饲养的犬只未按照规定定期进行狂犬病免疫接种的；

（四）动物、动物产品的运载工具在装载前和卸载后未按照规定及时清洗、消毒的。

第九十三条 违反本法规定，对经强制免疫的动物未按照规定建立免疫档案，或者未按照规定加施畜禽标识的，依照《中华人民共和国畜牧法》的有关规定处罚。

第九十四条 违反本法规定，动物、动物产品的运载工具、垫料、包装物、容器等不符合国务院农业农村主管部门规定的动物防疫要求的，由县级以上地方人民政府农业农村主管部门责令改正，可以处五千元以下罚款；情节严重的，处五千元以上五万元以下罚款。

第九十五条 违反本法规定，对染疫动物及其排泄物、染疫动物产品或者被染疫动物、动物产品污染的运载工具、垫料、包装物、容器等未按照规定处置的，由县级以上地方人民政府农业农村主管部门责令限期处理；逾期不处理的，由县级以上地方人民政府农业农村主管部门委托有关单位代为处理，所需费用由违法行为人承担，处五千元以上五万元以下罚款。

造成环境污染或者生态破坏的，依照环境保护有关法律法规进行处罚。

第九十六条 违反本法规定，患有人畜共患传染病的人员，直接从事动物疫病监测、检测、检验检疫，动物诊疗以及易感染动物的饲养、屠宰、经营、隔离、运输等活动的，由县级以上地方人民政府农业农村或者野生动物保护主管部门责令改正；拒不改正的，处一千元以上一万元以下罚款；情节严重的，处一万元以上五万元以下罚款。

第九十七条 违反本法第二十九条规定，屠宰、经营、运输动物或者生产、经营、加工、贮藏、运输动物产品的，由县级以上地方人民政府农业农村主管部门责令改正、采取补救措施，没收违法所得、动物和动物产品，并处同类检疫合格动物、动物产品货值金额十五倍以上三十倍以下罚款；同类检疫合格动物、动物产品货值金额不足一万元的，并处五万元以上十五万元以下罚款；其中依法应当检疫而未检疫的，依照本法第一百条的规定处罚。

前款规定的违法行为人及其法定代表人(负责人)、直接负责的主管人员和其他直接责任人员，自处罚决定作出之日起五年内不得从事相关活动；构成犯罪的，终身不得从事屠宰、经营、运输动物或者生产、经营、加工、贮藏、运输动物产品等相关活动。

第九十八条 违反本法规定，有下列行为之一的，由县级以上地方人民政府农业农村主管部门责令改正，处三千元以上三万元以下罚款；情节严重的，责令停业整顿，并处三万元以上十万元以下罚款：

(一)开办动物饲养场和隔离场所、动物屠宰加工场所以及动物和动物产品无害化处理场所，未取得动物防疫条件合格证的；

(二)经营动物、动物产品的集贸市场不具备国务院农业农村主管部门规定的防疫条件的；

（三）未经备案从事动物运输的；

（四）未按照规定保存行程路线和托运人提供的动物名称、检疫证明编号、数量等信息的；

（五）未经检疫合格，向无规定动物疫病区输入动物、动物产品的；

（六）跨省、自治区、直辖市引进种用、乳用动物到达输入地后未按照规定进行隔离观察的；

（七）未按照规定处理或者随意弃置病死动物、病害动物产品的。

第九十九条 动物饲养场和隔离场所、动物屠宰加工场所以及动物和动物产品无害化处理场所，生产经营条件发生变化，不再符合本法第二十四条规定的动物防疫条件继续从事相关活动的，由县级以上地方人民政府农业农村主管部门给予警告，责令限期改正；逾期仍达不到规定条件的，吊销动物防疫条件合格证，并通报市场监督管理部门依法处理。

第一百条 违反本法规定，屠宰、经营、运输的动物未附有检疫证明，经营和运输的动物产品未附有检疫证明、检疫标志的，由县级以上地方人民政府农业农村主管部门责令改正，处同类检疫合格动物、动物产品货值金额一倍以下罚款；对货主以外的承运人处运输费用三倍以上五倍以下罚款，情节严重的，处五倍以上十倍以下罚款。

违反本法规定，用于科研、展示、演出和比赛等非食用性利用的动物未附有检疫证明的，由县级以上地方人民政府农业农村主管部门责令改正，处三千元以上一万元以下罚款。

第一百零一条 违反本法规定，将禁止或者限制调运的特定动物、动物产品由动物疫病高风险区调入低风险区的，由县级以上地方人民政府农业农村主管部门没收运输费用、违法运输的动物和动物产品，并处运输费用一倍以上五倍以下罚款。

第一百零二条 违反本法规定，通过道路跨省、自治区、直辖市运输动物，未经省、自治区、直辖市人民政府设立的指定通道入省境或者过省境的，由县级以上地方人民政府农业农村主管部门对运输人处五千元以上一万元以下罚款；情节严重的，处一万元以上五万元以下罚款。

第一百零三条　违反本法规定，转让、伪造或者变造检疫证明、检疫标志或者畜禽标识的，由县级以上地方人民政府农业农村主管部门没收违法所得和检疫证明、检疫标志、畜禽标识，并处五千元以上五万元以下罚款。

持有、使用伪造或者变造的检疫证明、检疫标志或者畜禽标识的，由县级以上人民政府农业农村主管部门没收检疫证明、检疫标志、畜禽标识和对应的动物、动物产品，并处三千元以上三万元以下罚款。

第一百零四条　违反本法规定，有下列行为之一的，由县级以上地方人民政府农业农村主管部门责令改正，处三千元以上三万元以下罚款：

（一）擅自发布动物疫情的；

（二）不遵守县级以上人民政府及其农业农村主管部门依法作出的有关控制动物疫病规定的；

（三）藏匿、转移、盗掘已被依法隔离、封存、处理的动物和动物产品的。

第一百零五条　违反本法规定，未取得动物诊疗许可证从事动物诊疗活动的，由县级以上地方人民政府农业农村主管部门责令停止诊疗活动，没收违法所得，并处违法所得一倍以上三倍以下罚款；违法所得不足三万元的，并处三千元以上三万元以下罚款。

动物诊疗机构违反本法规定，未按照规定实施卫生安全防护、消毒、隔离和处置诊疗废弃物的，由县级以上地方人民政府农业农村主管部门责令改正，处一千元以上一万元以下罚款；造成动物疫病扩散的，处一万元以上五万元以下罚款；情节严重的，吊销动物诊疗许可证。

第一百零六条　违反本法规定，未经执业兽医备案从事经营性动物诊疗活动的，由县级以上地方人民政府农业农村主管部门责令停止动物诊疗活动，没收违法所得，并处三千元以上三万元以下罚款；对其所在的动物诊疗机构处一万元以上五万元以下罚款。

执业兽医有下列行为之一的，由县级以上地方人民政府农业农村主管部门给予警告，责令暂停六个月以上一年以下动物诊疗活动；情节严重的，吊销执业兽医资格证书：

（一）违反有关动物诊疗的操作技术规范，造成或者可能造成动物疫病传播、流行的；

（二）使用不符合规定的兽药和兽医器械的；

（二）未按照当地人民政府或者农业农村主管部门要求参加动物疫病预防、控制和动物疫情扑灭活动的。

第一百零七条 违反本法规定，生产经营兽医器械，产品质量不符合要求的，由县级以上地方人民政府农业农村主管部门责令限期整改；情节严重的，责令停业整顿，并处二万元以上十万元以下罚款。

第一百零八条 违反本法规定，从事动物疫病研究、诊疗和动物饲养、屠宰、经营、隔离、运输，以及动物产品生产、经营、加工、贮藏、无害化处理等活动的单位和个人，有下列行为之一的，由县级以上地方人民政府农业农村主管部门责令改正，可以处一万元以下罚款；拒不改正的，处一万元以上五万元以下罚款，并可以责令停业整顿：

（一）发现动物染疫、疑似染疫未报告，或者未采取隔离等控制措施的；

（二）不如实提供与动物防疫有关的资料的；

（三）拒绝或者阻碍农业农村主管部门进行监督检查的；

（四）拒绝或者阻碍动物疫病预防控制机构进行动物疫病监测、检测、评估的；

（五）拒绝或者阻碍官方兽医依法履行职责的。

第一百零九条 违反本法规定，造成人畜共患传染病传播、流行的，依法从重给予处分、处罚。

违反本法规定，构成违反治安管理行为的，依法给予治安管理处罚；构成犯罪的，依法追究刑事责任。

违反本法规定，给他人人身、财产造成损害的，依法承担民事责任。

第十二章　附　则

第一百一十条 本法下列用语的含义：

（一）无规定动物疫病区，是指具有天然屏障或者采取人工措施，在一定期限内没有发生规定的一种或者几种动物疫病，并经验收合格的区域；

（二）无规定动物疫病生物安全隔离区，是指处于同一生物安全管理体系下，在一定期限内没有发生规定的一种或者几种动物疫病的若干动物饲养场及其辅助生产场所构成的，并经验收合格的特定小型区域；

（三）病死动物，是指染疫死亡、因病死亡、死因不明或者经检验检疫可能危害人体或者动物健康的死亡动物；

（四）病害动物产品，是指来源于病死动物的产品，或者经检验检疫可能危害人体或者动物健康的动物产品。

第一百一十一条　境外无规定动物疫病区和无规定动物疫病生物安全隔离区的无疫等效性评估，参照本法有关规定执行。

第一百一十二条　实验动物防疫有特殊要求的，按照实验动物管理的有关规定执行。

第一百一十三条　本法自 2021 年 5 月 1 日起施行。

重大动物疫情应急条例

（国务院令第四百五十号）

（2005 年 11 月 16 日国务院第 113 次常务会议通过 2005 年 11 月 18 日中华人民共和国国务院令第 450 号公布根据 2017 年 10 月 7 日中华人民共和国国务院令第 687 号公布的《国务院关于修改部分行政法规的决定》修订）

第一章　总　则

第一条　为了迅速控制、扑灭重大动物疫情，保障养殖业生产安全，保护公众身体健康与生命安全，维护正常的社会秩序，根据《中华人民共和国动物防疫法》，制定本条例。

第二条　本条例所称重大动物疫情，是指高致病性禽流感等发病率或者死亡率高的动物疫病突然发生，迅速传播，给养殖业生产安全造成严重威胁、危害，以及可能对公众身体健康与生命安全造成危害的情形，包括特别重大动物疫情。

第三条　重大动物疫情应急工作应当坚持加强领导、密切配合，依靠科学、依法防治，群防群控、果断处置的方针，及时发现，快速反应，严格处理，减少损失。

第四条　重大动物疫情应急工作按照属地管理的原则，实行政府统一领导、部门分工负责，逐级建立责任制。

县级以上人民政府兽医主管部门具体负责组织重大动物疫情的监测、调查、控制、扑灭等应急工作。

县级以上人民政府林业主管部门、兽医主管部门按照职责分工，加强对陆生野生动物疫源疫病的监测。

县级以上人民政府其他有关部门在各自的职责范围内，做好重大动物疫情的应急工作。

第五条　出入境检验检疫机关应当及时收集境外重大动物疫情信息，加强进出境动物及其产品的检验检疫工作，防止动物疫病传入和传出。兽医主管部门要及时向出入境检验检疫机关通报国内重大动物疫情。

第六条　国家鼓励、支持开展重大动物疫情监测、预防、应急处理等有关技术的科学研究和国际交流与合作。

第七条　县级以上人民政府应当对参加重大动物疫情应急处理的人员给予适当补助，对作出贡献的人员给予表彰和奖励。

第八条　对不履行或者不按照规定履行重大动物疫情应急处理职责的行为，任何单位和个人有权检举控告。

第二章　应急准备

第九条　国务院兽医主管部门应当制定全国重大动物疫情应急预案，报国务院批准，并按照不同动物疫病病种及其流行特点和危害程度，分别制定实施方案，报国务院备案。

县级以上地方人民政府根据本地区的实际情况，制定本行政区域的重大动物疫情应急预案，报上一级人民政府兽医主管部门备案。县级以上地方人民政府兽医主管部门，应当按照不同动物疫病病种及其流行特点和危害程度，分别制定实施方案。

重大动物疫情应急预案及其实施方案应当根据疫情的发展变化和实施情况，及时修改、完善。

第十条　重大动物疫情应急预案主要包括下列内容：

（一）应急指挥部的职责、组成以及成员单位的分工；

（二）重大动物疫情的监测、信息收集、报告和通报；

（三）动物疫病的确认、重大动物疫情的分级和相应的应急处理工作方案；

(四)重大动物疫情疫源的追踪和流行病学调查分析;

(五)预防、控制、扑灭重大动物疫情所需资金的来源、物资和技术的储备与调度;

(六)重大动物疫情应急处理设施和专业队伍建设。

第十一条 国务院有关部门和县级以上地方人民政府及其有关部门，应当根据重大动物疫情应急预案的要求，确保应急处理所需的疫苗、药品、设施设备和防护用品等物资的储备。

第十二条 县级以上人民政府应当建立和完善重大动物疫情监测网络和预防控制体系，加强动物防疫基础设施和乡镇动物防疫组织建设，并保证其正常运行，提高对重大动物疫情的应急处理能力。

第十三条 县级以上地方人民政府根据重大动物疫情应急需要，可以成立应急预备队，在重大动物疫情应急指挥部的指挥下，具体承担疫情的控制和扑灭任务。

应急预备队由当地兽医行政管理人员、动物防疫工作人员、有关专家、执业兽医等组成；必要时，可以组织动员社会上有一定专业知识的人员参加。公安机关、中国人民武装警察部队应当依法协助其执行任务。

应急预备队应当定期进行技术培训和应急演练。

第十四条 县级以上人民政府及其兽医主管部门应当加强对重大动物疫情应急知识和重大动物疫病科普知识的宣传，增强全社会的重大动物疫情防范意识。

第三章 监测、报告和公布

第十五条 动物防疫监督机构负责重大动物疫情的监测，饲养、经营动物和生产、经营动物产品的单位和个人应当配合，不得拒绝和阻碍。

第十六条 从事动物隔离、疫情监测、疫病研究与诊疗、检验检疫以及动物饲养、屠宰加工、运输、经营等活动的有关单位和个人，发现动物出现群体发病或者死亡的，应当立即向所在地的县(市)动物防疫监督机构报告。

第十七条 县(市)动物防疫监督机构接到报告后，应当立即赶赴现场调查核实。初步认为属于重大动物疫情的，应当在2小时内将情况逐级报省、自治区、直辖市动物防疫监督机构，并同时报所在地人民政府兽医主管部门；兽医主管部门应当及时通报同级卫生主管部门。

省、自治区、直辖市动物防疫监督机构应当在接到报告后1小时内，向省、自治区、直辖市人民政府兽医主管部门和国务院兽医主管部门所属的动物防疫监督机构报告。

省、自治区、直辖市人民政府兽医主管部门应当在接到报告后1小时内报本级人民政府和国务院兽医主管部门。

重大动物疫情发生后，省、自治区、直辖市人民政府和国务院兽医主管部门应当在4小时内向国务院报告。

第十八条 重大动物疫情报告包括下列内容：

(一)疫情发生的时间、地点；

(二)染疫、疑似染疫动物种类和数量、同群动物数量、免疫情况、死亡数量、临床症状、病理变化、诊断情况；

(三)流行病学和疫源追踪情况；

(四)已采取的控制措施；

(五)疫情报告的单位、负责人、报告人及联系方式。

第十九条 重大动物疫情由省、自治区、直辖市人民政府兽医主管部门认定；必要时，由国务院兽医主管部门认定。

第二十条 重大动物疫情由国务院兽医主管部门按照国家规定的程序，及时准确公布；其他任何单位和个人不得公布重大动物疫情。

第二十一条 重大动物疫病应当由动物防疫监督机构采集病料。其他单位和个人采集病料的，应当具备以下条件：

(一)重大动物疫病病料采集目的、病原微生物的用途应当符合国务院兽医主管部门的规定；

(二)具有与采集病料相适应的动物病原微生物实验室条件；

(三)具有与采集病料所需要的生物安全防护水平相适应的设备，以及防止病原感染和扩散的有效措施。

从事重大动物疫病病原分离的，应当遵守国家有关生物安全管理规定，防止病原扩散。

第二十二条 国务院兽医主管部门应当及时向国务院有关部门和军队有关部门以及各省、自治区、直辖市人民政府兽医主管部门通报重大动物疫情的发生和处理情况。

第二十三条 发生重大动物疫情可能感染人群时，卫生主管部门应当对疫区内易受感染的人群进行监测，并采取相应的预防、控制措施。卫生主管部门和兽医主管部门应当及时相互通报情况。

第二十四条 有关单位和个人对重大动物疫情不得瞒报、谎报、迟报，不得授意他人瞒报、谎报、迟报，不得阻碍他人报告。

第二十五条 在重大动物疫情报告期间，有关动物防疫监督机构应当立即采取临时隔离控制措施；必要时，当地县级以上地方人民政府可以作出封锁决定并采取扑杀、销毁等措施。有关单位和个人应当执行。

第四章 应急处理

第二十六条 重大动物疫情发生后，国务院和有关地方人民政府设立的重大动物疫情应急指挥部统一领导、指挥重大动物疫情应急工作。

第二十七条 重大动物疫情发生后，县级以上地方人民政府兽医主管部门应当立即划定疫点、疫区和受威胁区，调查疫源，向本级人民政府提出启动重大动物疫情应急指挥系统、应急预案和对疫区实行封锁的建议，有关人民政府应当立即作出决定。

疫点、疫区和受威胁区的范围应当按照不同动物疫病病种及其流行特点和危害程度划定，具体划定标准由国务院兽医主管部门制定。

第二十八条 国家对重大动物疫情应急处理实行分级管理，按照应急预案确定的疫情等级，由有关人民政府采取相应的应急控制措施。

第二十九条 对疫点应当采取下列措施：

（一）扑杀并销毁染疫动物和易感染的动物及其产品；

（二）对病死的动物、动物排泄物、被污染饲料、垫料、污水进行无害化处理；

（三）对被污染的物品、用具、动物圈舍、场地进行严格消毒。

第三十条　对疫区应当采取下列措施：

（一）在疫区周围设置警示标志，在出入疫区的交通路口设置临时动物检疫消毒站，对出入的人员和车辆进行消毒；

（二）扑杀并销毁染疫和疑似染疫动物及其同群动物，销毁染疫和疑似染疫的动物产品，对其他易感染的动物实行圈养或者在指定地点放养，役用动物限制在疫区内使役；

（三）对易感染的动物进行监测，并按照国务院兽医主管部门的规定实施紧急免疫接种，必要时对易感染的动物进行扑杀；

（四）关闭动物及动物产品交易市场，禁止动物进出疫区和动物产品运出疫区；

（五）对动物圈舍、动物排泄物、垫料、污水和其他可能受污染的物品、场地，进行消毒或者无害化处理。

第三十一条　对受威胁区应当采取下列措施：

（一）对易感染的动物进行监测；

（二）对易感染的动物根据需要实施紧急免疫接种。

第三十二条　重大动物疫情应急处理中设置临时动物检疫消毒站以及采取隔离、扑杀、销毁、消毒、紧急免疫接种等控制、扑灭措施的，由有关重大动物疫情应急指挥部决定，有关单位和个人必须服从；拒不服从的，由公安机关协助执行。

第三十三条　国家对疫区、受威胁区内易感染的动物免费实施紧急免疫接种；对因采取扑杀、销毁等措施给当事人造成的已经证实的损失，给予合理补偿。紧急免疫接种和补偿所需费用，由中央财政和地方财政分担。

第三十四条　重大动物疫情应急指挥部根据应急处理需要，有权紧急调集人员、物资、运输工具以及相关设施、设备。

单位和个人的物资、运输工具以及相关设施、设备被征集使用的，有关人民政府应当及时归还并给予合理补偿。

第三十五条　重大动物疫情发生后，县级以上人民政府兽医主管部门应当及时提出疫点、疫区、受威胁区的处理方案，加强疫情监测、流行病学调查、疫源追踪工作，对染疫和疑似染疫动物及其同群动物和其他易感染动物的扑杀、销毁进行技术指导，并组织实施检验检疫、消毒、无害化处理和紧急免疫接种。

第三十六条 重大动物疫情应急处理中，县级以上人民政府有关部门应当在各自的职责范围内，做好重大动物疫情应急所需的物资紧急调度和运输、应急经费安排、疫区群众救济、人的疫病防治、肉食品供应、动物及其产品市场监管、出入境检验检疫和社会治安维护等工作。

中国人民解放军、中国人民武装警察部队应当支持配合驻地人民政府做好重大动物疫情的应急工作。

第三十七条 重大动物疫情应急处理中，乡镇人民政府、村民委员会、居民委员会应当组织力量，向村民、居民宣传动物疫病防治的相关知识，协助做好疫情信息的收集、报告和各项应急处理措施的落实工作。

第三十八条 重大动物疫情发生地的人民政府和毗邻地区的人民政府应当通力合作，相互配合，做好重大动物疫情的控制、扑灭工作。

第三十九条 有关人民政府及其有关部门对参加重大动物疫情应急处理的人员，应当采取必要的卫生防护和技术指导等措施。

第四十条 自疫区内最后一头(只)发病动物及其同群动物处理完毕起，经过一个潜伏期以上的监测，未出现新的病例的，彻底消毒后，经上一级动物防疫监督机构验收合格，由原发布封锁令的人民政府宣布解除封锁，撤销疫区；由原批准机关撤销在该疫区设立的临时动物检疫消毒站。

第四十一条 县级以上人民政府应当将重大动物疫情确认、疫区封锁、扑杀及其补偿、消毒、无害化处理、疫源追踪、疫情监测以及应急物资储备等应急经费列入本级财政预算。

第五章　法律责任

第四十二条 违反本条例规定，兽医主管部门及其所属的动物防疫监督机构有下列行为之一的，由本级人民政府或者上级人民政府有关部门责令立即改正、通报批评、给予警告；对主要负责人、负有责任的主管人员和其他责任人员，依法给予记大过、降级、撤职直至开除的行政处分；构成犯罪的，依法追究刑事责任：

（一）不履行疫情报告职责，瞒报、谎报、迟报或者授意他人瞒报、谎报、迟报，阻碍他人报告重大动物疫情的；

（二）在重大动物疫情报告期间，不采取临时隔离控制措施，导致动物疫情扩散的；

（三）不及时划定疫点、疫区和受威胁区，不及时向本级人民政府提出应急处理建议，或者不按照规定对疫点、疫区和受威胁区采取预防、控制、扑灭措施的；

（四）不向本级人民政府提出启动应急指挥系统、应急预案和对疫区的封锁建议的；

（五）对动物扑杀、销毁不进行技术指导或者指导不力，或者不组织实施检验检疫、消毒、无害化处理和紧急免疫接种的；

（六）其他不履行本条例规定的职责，导致动物疫病传播、流行，或者对养殖业生产安全和公众身体健康与生命安全造成严重危害的。

第四十三条　违反本条例规定，县级以上人民政府有关部门不履行应急处理职责，不执行对疫点、疫区和受威胁区采取的措施，或者对上级人民政府有关部门的疫情调查不予配合或者阻碍、拒绝的，由本级人民政府或者上级人民政府有关部门责令立即改正、通报批评、给予警告；对主要负责人、负有责任的主管人员和其他责任人员，依法给予记大过、降级、撤职直至开除的行政处分；构成犯罪的，依法追究刑事责任。

第四十四条　违反本条例规定，有关地方人民政府阻碍报告重大动物疫情，不履行应急处理职责，不按照规定对疫点、疫区和受威胁区采取预防、控制、扑灭措施，或者对上级人民政府有关部门的疫情调查不予配合或者阻碍、拒绝的，由上级人民政府责令立即改正、通报批评、给予警告；对政府主要领导人依法给予记大过、降级、撤职直至开除的行政处分；构成犯罪的，依法追究刑事责任。

第四十五条　截留、挪用重大动物疫情应急经费，或者侵占、挪用应急储备物资的，按照《财政违法行为处罚处分条例》的规定处理；构成犯罪的，依法追究刑事责任。

第四十六条　违反本条例规定，拒绝、阻碍动物防疫监督机构进行重大动物疫情监测，或者发现动物出现群体发病或者死亡，不向当地动物防疫监督机构报告的，由动物防疫监督机构给予警告，并处2000元以上5000元以下的罚款；构成犯罪的，依法追究刑事责任。

第四十七条　违反本条例规定，不符合相应条件采集重大动物疫病病料，或者在重大动物疫病病原分离时不遵守国家有关生物安全管理规定的，由动物防疫监督机构给予警告，并处5000元以下的罚款；构成犯罪的，依法追究刑事责任。

第四十八条　在重大动物疫情发生期间，哄抬物价、欺骗消费者，散布谣言、扰乱社会秩序和市场秩序的，由价格主管部门、工商行政管理部门或者公安机关依法给予行政处罚；构成犯罪的，依法追究刑事责任。

第六章　附　则

第四十九条　本条例自公布之日起施行。

病死畜禽和病害畜禽产品无害化处理管理办法

（农业农村部令2022年第3号）

第一章　总　则

第一条　为了加强病死畜禽和病害畜禽产品无害化处理管理，防控动物疫病，促进畜牧业高质量发展，保障公共卫生安全和人体健康，根据《中华人民共和国动物防疫法》（以下简称《动物防疫法》），制定本办法。

第二条　本办法适用于畜禽饲养、屠宰、经营、隔离、运输等过程中病死畜禽和病害畜禽产品的收集、无害化处理及其监督管理活动。

发生重大动物疫情时，应当根据动物疫病防控要求开展病死畜禽和病害畜禽产品无害化处理。

第三条　下列畜禽和畜禽产品应当进行无害化处理：

（一）染疫或者疑似染疫死亡、因病死亡或者死因不明的；

（二）经检疫、检验可能危害人体或者动物健康的；

（三）因自然灾害、应激反应、物理挤压等因素死亡的；

（四）屠宰过程中经肉品品质检验确认为不可食用的；

（五）死胎、木乃伊胎等；

（六）因动物疫病防控需要被扑杀或销毁的；

（七）其他应当进行无害化处理的。

第四条　病死畜禽和病害畜禽产品无害化处理坚持统筹规划与属地负责相结合、政府监管与市场运作相结合、财政补助与保险联动相结合、集中处理与自行处理相结合的原则。

第五条 从事畜禽饲养、屠宰、经营、隔离等活动的单位和个人，应当承担主体责任，按照本办法对病死畜禽和病害畜禽产品进行无害化处理，或者委托病死畜禽无害化处理场处理。

运输过程中发生畜禽死亡或者因检疫不合格需要进行无害化处理的，承运人应当立即通知货主，配合做好无害化处理，不得擅自弃置和处理。

第六条 在江河、湖泊、水库等水域发现的死亡畜禽，依法由所在地县级人民政府组织收集、处理并溯源。

在城市公共场所和乡村发现的死亡畜禽，依法由所在地街道办事处、乡级人民政府组织收集、处理并溯源。

第七条 病死畜禽和病害畜禽产品收集、无害化处理、资源化利用应当符合农业农村部相关技术规范，并采取必要的防疫措施，防止传播动物疫病。

第八条 农业农村部主管全国病死畜禽和病害畜禽产品无害化处理工作。

县级以上地方人民政府农业农村主管部门负责本行政区域病死畜禽和病害畜禽产品无害化处理的监督管理工作。

第九条 省级人民政府农业农村主管部门结合本行政区域畜牧业发展规划和畜禽养殖、疫病发生、畜禽死亡等情况，编制病死畜禽和病害畜禽产品集中无害化处理场所建设规划，合理布局病死畜禽无害化处理场，经本级人民政府批准后实施，并报农业农村部备案。

鼓励跨县级以上行政区域建设病死畜禽无害化处理场。

第十条 县级以上人民政府农业农村主管部门应当落实病死畜禽无害化处理财政补助政策和农机购置与应用补贴政策，协调有关部门优先保障病死畜禽无害化处理场用地、落实税收优惠政策，推动建立病死畜禽无害化处理和保险联动机制，将病死畜禽无害化处理作为保险理赔的前提条件。

第二章　收　集

第十一条 畜禽养殖场、养殖户、屠宰厂(场)、隔离场应当及时对病死畜禽和病害畜禽产品进行贮存和清运。

畜禽养殖场、屠宰厂（场）、隔离场委托病死畜禽无害化处理场处理的，应当符合以下要求：

（一）采取必要的冷藏冷冻、清洗消毒等措施；

（二）具有病死畜禽和病害畜禽产品输出通道；

（三）及时通知病死畜禽无害化处理场进行收集，或自行送至指定地点。

第十二条　病死畜禽和病害畜禽产品集中暂存点应当具备下列条件：

（一）有独立封闭的贮存区域，并且防渗、防漏、防鼠、防盗，易于清洗消毒；

（二）有冷藏冷冻、清洗消毒等设施设备；

（三）设置显著警示标识；

（四）有符合动物防疫需要的其他设施设备。

第十三条　专业从事病死畜禽和病害畜禽产品收集的单位和个人，应当配备专用运输车辆，并向承运人所在地县级人民政府农业农村主管部门备案。备案时应当通过农业农村部指定的信息系统提交车辆所有权人的营业执照、运输车辆行驶证、运输车辆照片。

县级人民政府农业农村主管部门应当核实相关材料信息，备案材料符合要求的，及时予以备案；不符合要求的，应当一次性告知备案人补充相关材料。

第十四条　病死畜禽和病害畜禽产品专用运输车辆应当符合以下要求：

（一）不得运输病死畜禽和病害畜禽产品以外的其他物品；

（二）车厢密闭、防水、防渗、耐腐蚀，易于清洗和消毒；

（三）配备能够接入国家监管监控平台的车辆定位跟踪系统、车载终端；

（四）配备人员防护、清洗消毒等应急防疫用品；

（五）有符合动物防疫需要的其他设施设备。

第十五条　运输病死畜禽和病害畜禽产品的单位和个人，应当遵守下列规定：

（一）及时对车辆、相关工具及作业环境进行消毒；

（二）作业过程中如发生渗漏，应当妥善处理后再继续运输；

（三）做好人员防护和消毒。

第十六条　跨县级以上行政区域运输病死畜禽和病害畜禽产品的，相关区域县级以上地方人民政府农业农村主管部门应当加强协作配合，及时通报紧急情况，落实监管责任。

第三章　无害化处理

第十七条　病死畜禽和病害畜禽产品无害化处理以集中处理为主，自行处理为补充。

病死畜禽无害化处理场的设计处理能力应当高于日常病死畜禽和病害畜禽产品处理量，专用运输车辆数量和运载能力应当与区域内畜禽养殖情况相适应。

第十八条　病死畜禽无害化处理场应当符合省级人民政府病死畜禽和病害畜禽产品集中无害化处理场所建设规划并依法取得动物防疫条件合格证。

第十九条　畜禽养殖场、屠宰厂（场）、隔离场在本场（厂）内自行处理病死畜禽和病害畜禽产品的，应当符合无害化处理场所的动物防疫条件，不得处理本场（厂）外的病死畜禽和病害畜禽产品。

畜禽养殖场、屠宰厂（场）、隔离场在本场（厂）外自行处理的，应当建设病死畜禽无害化处理场。

第二十条　畜禽养殖场、养殖户、屠宰厂（场）、隔离场委托病死畜禽无害化处理场进行无害化处理的，应当签订委托合同，明确双方的权利、义务。

无害化处理费用由财政进行补助或者由委托方承担。

第二十一条　对于边远和交通不便地区以及畜禽养殖户自行处理零星病死畜禽的，省级人民政府农业农村主管部门可以结合实际情况和风险评估结果，组织制定相关技术规范。

第二十二条　病死畜禽和病害畜禽产品集中暂存点、病死畜禽无害化处理场应当配备专门人员负责管理。

从事病死畜禽和病害畜禽产品无害化处理的人员，应当具备相关专业技能，掌握必要的安全防护知识。

第二十三条　鼓励在符合国家有关法律法规规定的情况下，对病死畜禽和病害畜禽产品无害化处理产物进行资源化利用。

病死畜禽和病害畜禽产品无害化处理场所销售无害化处理产物的，应当严控无害化处理产物流向，查验购买方资质并留存相关材料，签订销售合同。

第二十四条　病死畜禽和病害畜禽产品无害化处理应当符合安全生产、环境保护等相关法律法规和标准规范要求，接受有关主管部门监管。

病死畜禽无害化处理场处理本办法第三条之外的病死动物和病害动物产品的，应当要求委托方提供无特殊风险物质的证明。

第四章　监督管理

第二十五条　农业农村部建立病死畜禽无害化处理监管监控平台，加强全程追溯管理。

从事畜禽饲养、屠宰、经营、隔离及病死畜禽收集、无害化处理的单位和个人，应当按要求填报信息。

县级以上地方人民政府农业农村主管部门应当做好信息审核，加强数据运用和安全管理。

第二十六条　农业农村部负责组织制定全国病死畜禽和病害畜禽产品无害化处理生物安全风险调查评估方案，对病死畜禽和病害畜禽产品收集、无害化处理生物安全风险因素进行调查评估。

省级人民政府农业农村主管部门应当制定本行政区域病死畜禽和病害畜禽产品无害化处理生物安全风险调查评估方案并组织实施。

第二十七条　根据病死畜禽无害化处理场规模、设施装备状况、管理水平等因素，推行分级管理制度。

第二十八条　病死畜禽和病害畜禽产品无害化处理场所应当建立并严格执行以下制度：

（一）设施设备运行管理制度；

（二）清洗消毒制度；

（三）人员防护制度；

（四）生物安全制度；

（五）安全生产和应急处理制度。

第二十九条 从事畜禽饲养、屠宰、经营、隔离以及病死畜禽和病害畜禽产品收集、无害化处理的单位和个人，应当建立台账，详细记录病死畜禽和病害畜禽产品的种类、数量(重量)、来源、运输车辆、交接人员和交接时间、处理产物销售情况等信息。

病死畜禽和病害畜禽产品无害化处理场所应当安装视频监控设备，对病死畜禽和病害畜禽产品进(出)场、交接、处理和处理产物存放等进行全程监控。

相关台账记录保存期不少于二年，相关监控影像资料保存期不少于三十天。

第三十条 病死畜禽和病害畜禽产品无害化处理场所应当于每年一月底前向所在地县级人民政府农业农村主管部门报告上一年度病死畜禽和病害畜禽产品无害化处理、运输车辆和环境清洗消毒等情况。

第三十一条 县级以上地方人民政府农业农村主管部门执行监督检查任务时，从事病死畜禽和病害畜禽产品收集、无害化处理的单位和个人应当予以配合，不得拒绝或者阻碍。

第三十二条 任何单位和个人对违反本办法规定的行为，有权向县级以上地方人民政府农业农村主管部门举报。接到举报的部门应当及时调查处理。

第五章　法律责任

第三十三条 未按照本办法第十一条、第十二条、第十五条、第十九条、第二十二条规定处理病死畜禽和病害畜禽产品的，按照《动物防疫法》第九十八条规定予以处罚。

第三十四条 畜禽养殖场、屠宰厂(场)、隔离场、病死畜禽无害化处理场未取得动物防疫条件合格证或生产经营条件发生变化，不再符合动物防疫条件继续从事无害化处理活动的，分别按照《动物防疫法》第九十八条、第九十九条处罚。

第三十五条 专业从事病死畜禽和病害畜禽产品运输的车辆，未经备案或者不符合本办法第十四条规定的，分别按照《动物防疫法》第九十八条、第九十四条处罚。

第三十六条　违反本办法第二十八条、第二十九条规定，未建立管理制度、台账或者未进行视频监控的，由县级以上地方人民政府农业农村主管部门责令改正；拒不改正或者情节严重的，处二千元以上二万元以下罚款。

第六章　附　则

第三十七条　本办法下列用语的含义：

（一）畜禽，是指《国家畜禽遗传资源目录》范围内的畜禽，不包括用于科学研究、教学、检定以及其他科学实验的畜禽。

（二）隔离场所，是指对跨省、自治区、直辖市引进的乳用种用动物或输入到无规定动物疫病区的相关畜禽进行隔离观察的场所，不包括进出境隔离观察场所。

（三）病死畜禽和病害畜禽产品无害化处理场所，是指病死畜禽无害化处理场以及畜禽养殖场、屠宰厂（场）、隔离场内的无害化处理区域。

第三十八条　病死水产养殖动物和病害水产养殖动物产品的无害化处理，参照本办法执行。

第三十九条　本办法自2022年7月1日起施行。

动物诊疗机构管理办法

（农业农村部令2022年第5号）

第一章　总　则

第一条　为了加强动物诊疗机构管理，规范动物诊疗行为，保障公共卫生安全，根据《中华人民共和国动物防疫法》，制定本办法。

第二条　在中华人民共和国境内从事动物诊疗活动的机构，应当遵守本办法。

本办法所称动物诊疗，是指动物疾病的预防、诊断、治疗和动物绝育手术等经营性活动，包括动物的健康检查、采样、剖检、配药、给药、针灸、手术、填写诊断书和出具动物诊疗有关证明文件等。

本办法所称动物诊疗机构，包括动物医院、动物诊所以及其他提供动物诊疗服务的机构。

第三条　农业农村部负责全国动物诊疗机构的监督管理。

县级以上地方人民政府农业农村主管部门负责本行政区域内动物诊疗机构的监督管理。

第四条　农业农村部加强信息化建设，建立健全动物诊疗机构信息管理系统。

县级以上地方人民政府农业农村主管部门应当优化许可办理流程，推行网上办理等便捷方式，加强动物诊疗机构信息管理工作。

第二章　诊疗许可

第五条　国家实行动物诊疗许可制度。从事动物诊疗活动的机构，应当取得动物诊疗许可证，并在规定的诊疗活动范围内开展动物诊疗活动。

第六条　从事动物诊疗活动的机构，应当具备下列条件：

（一）有固定的动物诊疗场所，且动物诊疗场所使用面积符合省、自治区、直辖市人民政府农业农村主管部门的规定；

（二）动物诊疗场所选址距离动物饲养场、动物屠宰加工场所、经营动物的集贸市场不少于二百米；

（三）动物诊疗场所设有独立的出入口，出入口不得设在居民住宅楼内或者院内，不得与同一建筑物的其他用户共用通道；

（四）具有布局合理的诊疗室、隔离室、药房等功能区；

（五）具有诊断、消毒、冷藏、常规化验、污水处理等器械设备；

（六）具有诊疗废弃物暂存处理设施，并委托专业处理机构处理；

（七）具有染疫或者疑似染疫动物的隔离控制措施及设施设备；

（八）具有与动物诊疗活动相适应的执业兽医；

（九）具有完善的诊疗服务、疫情报告、卫生安全防护、消毒、隔离、诊疗废弃物暂存、兽医器械、兽医处方、药物和无害化处理等管理制度。

第七条　动物诊所除具备本办法第六条规定的条件外，还应当具备下列条件：

（一）具有一名以上执业兽医师；

（二）具有布局合理的手术室和手术设备。

第八条　动物医院除具备本办法第六条规定的条件外，还应当具备下列条件：

（一）具有三名以上执业兽医师；

（二）具有 X 光机或者 B 超等器械设备；

（三）具有布局合理的手术室和手术设备。

除前款规定的动物医院外，其他动物诊疗机构不得从事动物颅腔、胸腔和腹腔手术。

第九条 从事动物诊疗活动的机构，应当向动物诊疗场所所在地的发证机关提出申请，并提交下列材料：

（一）动物诊疗许可证申请表；

（二）动物诊疗场所地理方位图、室内平面图和各功能区布局图；

（三）动物诊疗场所使用权证明；

（四）法定代表人（负责人）身份证明；

（五）执业兽医资格证书；

（六）设施设备清单；

（七）管理制度文本。

申请材料不齐全或者不符合规定条件的，发证机关应当自收到申请材料之日起五个工作日内一次性告知申请人需补正的内容。

第十条 动物诊疗机构应当使用规范的名称。未取得相应许可的，不得使用“动物诊所”或者“动物医院”的名称。

第十一条 发证机关受理申请后，应当在十五个工作日内完成对申请材料的审核和对动物诊疗场所的实地考查。符合规定条件的，发证机关应当向申请人颁发动物诊疗许可证；不符合条件的，书面通知申请人，并说明理由。

专门从事水生动物疫病诊疗的，发证机关在核发动物诊疗许可证时，应当征求同级渔业主管部门的意见。

第十二条 动物诊疗许可证应当载明诊疗机构名称、诊疗活动范围、从业地点和法定代表人（负责人）等事项。

动物诊疗许可证格式由农业农村部统一规定。

第十三条 动物诊疗机构设立分支机构的，应当按照本办法的规定另行办理动物诊疗许可证。

第十四条 动物诊疗机构变更名称或者法定代表人（负责人）的，应当在办理市场主体变更登记手续后十五个工作日内，向原发证机关申请办理变更手续。

动物诊疗机构变更从业地点、诊疗活动范围的，应当按照本办法规定重新办理动物诊疗许可手续，申请换发动物诊疗许可证。

第十五条　动物诊疗许可证不得伪造、变造、转让、出租、出借。

动物诊疗许可证遗失的，应当及时向原发证机关申请补发。

第十六条　发证机关办理动物诊疗许可证，不得向申请人收取费用。

第三章　诊疗活动管理

第十七条　动物诊疗机构应当依法从事动物诊疗活动，建立健全内部管理制度，在诊疗场所的显著位置悬挂动物诊疗许可证和公示诊疗活动从业人员基本情况。

第十八条　动物诊疗机构可以通过在本机构备案从业的执业兽医师，利用互联网等信息技术开展动物诊疗活动，活动范围不得超出动物诊疗许可证核定的诊疗活动范围。

第十九条　动物诊疗机构应当对兽医相关专业学生、毕业生参与动物诊疗活动加强监督指导。

第二十条　动物诊疗机构应当按照国家有关规定使用兽医器械和兽药，不得使用不符合规定的兽医器械、假劣兽药和农业农村部规定禁止使用的药品及其他化合物。

第二十一条　动物诊疗机构兼营动物用品、动物饲料、动物美容、动物寄养等项目的，兼营区域与动物诊疗区域应当分别独立设置。

第二十二条　动物诊疗机构应当使用载明机构名称的规范病历，包括门（急）诊病历和住院病历。病历档案保存期限不得少于三年。

病历根据不同的记录形式，分为纸质病历和电子病历。电子病历与纸质病历具有同等效力。

病历包括诊疗活动中形成的文字、符号、图表、影像、切片等内容或者资料。

第二十三条　动物诊疗机构应当为执业兽医师提供兽医处方笺，处方笺的格式和保存等应当符合农业农村部规定的兽医处方格式及应用规范。

第二十四条　动物诊疗机构安装、使用具有放射性的诊疗设备的，应当依法经生态环境主管部门批准。

第二十五条 动物诊疗机构发现动物染疫或者疑似染疫的，应当按照国家规定立即向所在地农业农村主管部门或者动物疫病预防控制机构报告，并迅速采取隔离、消毒等控制措施，防止动物疫情扩散。

动物诊疗机构发现动物患有或者疑似患有国家规定应当扑杀的疫病时，不得擅自进行治疗。

第二十六条 动物诊疗机构应当按照国家规定处理染疫动物及其排泄物、污染物和动物病理组织等。

动物诊疗机构应当参照《医疗废物管理条例》的有关规定处理诊疗废弃物，不得随意丢弃诊疗废弃物，排放未经无害化处理的诊疗废水。

第二十七条 动物诊疗机构应当支持执业兽医按照当地人民政府或者农业农村主管部门的要求，参加动物疫病预防、控制和动物疫情扑灭活动。

动物诊疗机构可以通过承接政府购买服务的方式开展动物防疫和疫病诊疗活动。

第二十八条 动物诊疗机构应当配合农业农村主管部门、动物卫生监督机构、动物疫病预防控制机构进行有关法律法规宣传、流行病学调查和监测工作。

第二十九条 动物诊疗机构应当定期对本单位工作人员进行专业知识、生物安全以及相关政策法规培训。

第三十条 动物诊疗机构应当于每年三月底前将上年度动物诊疗活动情况向县级人民政府农业农村主管部门报告。

第三十一条 县级以上地方人民政府农业农村主管部门应当建立健全日常监管制度，对辖区内动物诊疗机构和人员执行法律、法规、规章的情况进行监督检查。

第四章 法律责任

第三十二条 违反本办法规定，动物诊疗机构有下列行为之一的，依照《中华人民共和国动物防疫法》第一百零五条第一款的规定予以处罚：

（一）超出动物诊疗许可证核定的诊疗活动范围从事动物诊疗活动的；

（二）变更从业地点、诊疗活动范围未重新办理动物诊疗许可证的。

第三十三条 使用伪造、变造、受让、租用、借用的动物诊疗许可证的，县级以上地方人民政府农业农村主管部门应当依法收缴，并依照《中华人民共和国动物防疫法》第一百零五条第一款的规定予以处罚。

第三十四条 动物诊疗场所不再具备本办法第六条、第七条、第八条规定条件，继续从事动物诊疗活动的，由县级以上地方人民政府农业农村主管部门给予警告，责令限期改正；逾期仍达不到规定条件的，由原发证机关收回、注销其动物诊疗许可证。

第三十五条 违反本办法规定，动物诊疗机构有下列行为之一的，由县级以上地方人民政府农业农村主管部门责令限期改正，处一千元以上五千元以下罚款：

（一）变更机构名称或者法定代表人（负责人）未办理变更手续的；

（二）未在诊疗场所悬挂动物诊疗许可证或者公示诊疗活动从业人员基本情况的；

（三）未使用规范的病历或未按规定为执业兽医师提供处方笺的，或者不按规定保存病历档案的；

（四）使用未在本机构备案从业的执业兽医从事动物诊疗活动的。

第三十六条 动物诊疗机构未按规定实施卫生安全防护、消毒、隔离和处置诊疗废弃物的，依照《中华人民共和国动物防疫法》第一百零五条第二款的规定予以处罚。

第三十七条 诊疗活动从业人员有下列行为之一的，依照《中华人民共和国动物防疫法》第一百零六条第一款的规定，对其所在的动物诊疗机构予以处罚：

（一）执业兽医超出备案所在县域或者执业范围从事动物诊疗活动的；

（二）执业兽医被责令暂停动物诊疗活动期间从事动物诊疗活动的；

（三）执业助理兽医师未按规定开展手术活动，或者开具处方、填写诊断书、出具动物诊疗有关证明文件的；

（四）参加教学实践的学生或者工作实践的毕业生未经执业兽医师指导开展动物诊疗活动的。

第三十八条 违反本办法规定，动物诊疗机构未按规定报告动物诊疗活动情况的，依照《中华人民共和国动物防疫法》第一百零八条的规定予以处罚。

第三十九条 县级以上地方人民政府农业农村主管部门不依法履行审查和监督管理职责，玩忽职守、滥用职权或者徇私舞弊的，依照有关规定给予处分；构成犯罪的，依法追究刑事责任。

第五章 附 则

第四十条 乡村兽医在乡村从事动物诊疗活动的，应当有固定的从业场所。

第四十一条 本办法所称发证机关，是指县(市辖区)级人民政府农业农村主管部门；市辖区未设立农业农村主管部门的，发证机关为上一级农业农村主管部门。

第四十二条 本办法自 2022 年 10 月 1 日起施行。农业部 2008 年 11 月 26 日公布，2016 年 5 月 30 日、2017 年 11 月 30 日修订的《动物诊疗机构管理办法》同时废止。

本办法施行前已取得动物诊疗许可证的动物诊疗机构，应当自本办法实施之日起一年内达到本办法规定的条件。

动物检疫管理办法

（农业农村部令 2022 年第 7 号）

第一章　总　则

第一条　为了加强动物检疫活动管理，预防、控制、净化、消灭动物疫病，防控人畜共患传染病，保障公共卫生安全和人体健康，根据《中华人民共和国动物防疫法》，制定本办法。

第二条　本办法适用于中华人民共和国领域内的动物、动物产品的检疫及其监督管理活动。

陆生野生动物检疫办法，由农业农村部会同国家林业和草原局另行制定。

第三条　动物检疫遵循过程监管、风险控制、区域化和可追溯管理相结合的原则。

第四条　农业农村部主管全国动物检疫工作。

县级以上地方人民政府农业农村主管部门主管本行政区域内的动物检疫工作，负责动物检疫监督管理工作。

县级人民政府农业农村主管部门可以根据动物检疫工作需要，向乡、镇或者特定区域派驻动物卫生监督机构或者官方兽医。

县级以上人民政府建立的动物疫病预防控制机构应当为动物检疫及其监督管理工作提供技术支撑。

第五条　农业农村部制定、调整并公布检疫规程，明确动物检疫的范围、对象和程序。

第六条 农业农村部加强信息化建设，建立全国统一的动物检疫管理信息化系统，实现动物检疫信息的可追溯。

县级以上动物卫生监督机构应当做好本行政区域内的动物检疫信息数据管理工作。

从事动物饲养、屠宰、经营、运输、隔离等活动的单位和个人，应当按照要求在动物检疫管理信息化系统填报动物检疫相关信息。

第七条 县级以上地方人民政府的动物卫生监督机构负责本行政区域内动物检疫工作，依照《中华人民共和国动物防疫法》、本办法以及检疫规程等规定实施检疫。

动物卫生监督机构的官方兽医实施检疫，出具动物检疫证明、加施检疫标志，并对检疫结论负责。

第二章 检疫申报

第八条 国家实行动物检疫申报制度。

出售或者运输动物、动物产品的，货主应当提前三天向所在地动物卫生监督机构申报检疫。

屠宰动物的，应当提前六小时向所在地动物卫生监督机构申报检疫；急宰动物的，可以随时申报。

第九条 向无规定动物疫病区输入相关易感动物、易感动物产品的，货主除按本办法第八条规定向输出地动物卫生监督机构申报检疫外，还应当在启运三天前向输入地动物卫生监督机构申报检疫。输入易感动物的，向输入地隔离场所在地动物卫生监督机构申报；输入易感动物产品的，在输入地省级动物卫生监督机构指定的地点申报。

第十条 动物卫生监督机构应当根据动物检疫工作需要，合理设置动物检疫申报点，并向社会公布。

县级以上地方人民政府农业农村主管部门应当采取有力措施，加强动物检疫申报点建设。

第十一条 申报检疫的，应当提交检疫申报单以及农业农村部规定的其他材料，并对申报材料的真实性负责。

申报检疫采取在申报点填报或者通过传真、电子数据交换等方式申报。

第十二条 动物卫生监督机构接到申报后，应当及时对申报材料进行审查。申报材料齐全的，予以受理；有下列情形之一的，不予受理，并说明理由：

（一）申报材料不齐全的，动物卫生监督机构当场或在三日内已经一次性告知申报人需要补正的内容，但申报人拒不补正的；

（二）申报的动物、动物产品不属于本行政区域的；

（三）申报的动物、动物产品不属于动物检疫范围的；

（四）农业农村部规定不应当检疫的动物、动物产品；

（五）法律法规规定的其他不予受理的情形。

第十三条 受理申报后，动物卫生监督机构应当指派官方兽医实施检疫，可以安排协检人员协助官方兽医到现场或指定地点核实信息，开展临床健康检查。

第三章 产地检疫

第十四条 出售或者运输的动物，经检疫符合下列条件的，出具动物检疫证明：

（一）来自非封锁区及未发生相关动物疫情的饲养场（户）；

（二）来自符合风险分级管理有关规定的饲养场（户）；

（三）申报材料符合检疫规程规定；

（四）畜禽标识符合规定；

（五）按照规定进行了强制免疫，并在有效保护期内；

（六）临床检查健康；

（七）需要进行实验室疫病检测的，检测结果合格。

出售、运输的种用动物精液、卵、胚胎、种蛋，经检疫其种用动物饲养场符合第一款第一项规定，申报材料符合第一款第三项规定，供体动物符合第一款第四项、第五项、第六项、第七项规定的，出具动物检疫证明。

出售、运输的生皮、原毛、绒、血液、角等产品，经检疫其饲养场（户）符合第一款第一项规定，申报材料符合第一款第三项规定，供体动物符合第一款第四项、第五项、第六项、第七项规定，且按规定消毒合格的，出具动物检疫证明。

第十五条 出售或者运输水生动物的亲本、稚体、幼体、受精卵、发眼卵及其他遗传育种材料等水产苗种的，经检疫符合下列条件的，出具动物检疫证明：

（一）来自未发生相关水生动物疫情的苗种生产场；

（二）申报材料符合检疫规程规定；

（三）临床检查健康；

（四）需要进行实验室疫病检测的，检测结果合格。

水产苗种以外的其他水生动物及其产品不实施检疫。

第十六条 已经取得产地检疫证明的动物，从专门经营动物的集贸市场继续出售或者运输的，或者动物展示、演出、比赛后需要继续运输的，经检疫符合下列条件的，出具动物检疫证明：

（一）有原始动物检疫证明和完整的进出场记录；

（二）畜禽标识符合规定；

（三）临床检查健康；

（四）原始动物检疫证明超过调运有效期，按规定需要进行实验室疫病检测的，检测结果合格。

第十七条 跨省、自治区、直辖市引进的乳用、种用动物到达输入地后，应当在隔离场或者饲养场内的隔离舍进行隔离观察，隔离期为三十天。经隔离观察合格的，方可混群饲养；不合格的，按照有关规定进行处理。隔离观察合格后需要继续运输的，货主应当申报检疫，并取得动物检疫证明。

跨省、自治区、直辖市输入到无规定动物疫病区的乳用、种用动物的隔离按照本办法第二十六条规定执行。

第十八条 出售或者运输的动物、动物产品取得动物检疫证明后，方可离开产地。

第四章 屠宰检疫

第十九条 动物卫生监督机构向依法设立的屠宰加工场所派驻(出)官方兽医实施检疫。屠宰加工场所应当提供与检疫工作相适应的官方兽医驻场检疫室、工作室和检疫操作台等设施。

第二十条 进入屠宰加工场所的待宰动物应当附有动物检疫证明并加施有符合规定的畜禽标识。

第二十一条 屠宰加工场所应当严格执行动物入场查验登记、待宰巡查等制度，查验进场待宰动物的动物检疫证明和畜禽标识，发现动物染疫或者疑似染疫的，应当立即向所在地农业农村主管部门或者动物疫病预防控制机构报告。

第二十二条 官方兽医应当检查待宰动物健康状况，在屠宰过程中开展同步检疫和必要的实验室疫病检测，并填写屠宰检疫记录。

第二十三条 经检疫符合下列条件的，对动物的胴体及生皮、原毛、绒、脏器、血液、蹄、头、角出具动物检疫证明，加盖检疫验讫印章或者加施其他检疫标志：

(一)申报材料符合检疫规程规定；

(二)待宰动物临床检查健康；

(三)同步检疫合格；

(四)需要进行实验室疫病检测的，检测结果合格。

第二十四条 官方兽医应当回收进入屠宰加工场所待宰动物附有的动物检疫证明，并将有关信息上传至动物检疫管理信息化系统。回收的动物检疫证明保存期限不得少于十二个月。

第五章 进入无规定动物疫病区的动物检疫

第二十五条 向无规定动物疫病区运输相关易感动物、动物产品的，除附有输出地动物卫生监督机构出具的动物检疫证明外，还应当按照本办法第二十六条、第二十七条规定取得动物检疫证明。

第二十六条 输入到无规定动物疫病区的相关易感动物，应当在输入地省级动物卫生监督机构指定的隔离场所进行隔离，隔离检疫期为三十天。隔离检疫合格的，由隔离场所在地县级动物卫生监督机构的官方兽医出具动物检疫证明。

第二十七条 输入到无规定动物疫病区的相关易感动物产品，应当在输入地省级动物卫生监督机构指定的地点，按照无规定动物疫病区有关检疫要求进行检疫。检疫合格的，由当地县级动物卫生监督机构的官方兽医出具动物检疫证明。

第六章 官方兽医

第二十八条 国家实行官方兽医任命制度。官方兽医应当符合以下条件：

（一）动物卫生监督机构的在编人员，或者接受动物卫生监督机构业务指导的其他机构在编人员；

（二）从事动物检疫工作；

（三）具有畜牧兽医水产初级以上职称或者相关专业大专以上学历或者从事动物防疫等相关工作满三年以上；

（四）接受岗前培训，并经考核合格；

（五）符合农业农村部规定的其他条件。

第二十九条 县级以上动物卫生监督机构提出官方兽医任命建议，报同级农业农村主管部门审核。审核通过的，由省级农业农村主管部门按程序确认、统一编号，并报农业农村部备案。

经省级农业农村主管部门确认的官方兽医，由其所在的农业农村主管部门任命，颁发官方兽医证，公布人员名单。

官方兽医证的格式由农业农村部统一规定。

第三十条 官方兽医实施动物检疫工作时，应当持有官方兽医证。禁止伪造、变造、转借或者以其他方式违法使用官方兽医证。

第三十一条 农业农村部制定全国官方兽医培训计划。

县级以上地方人民政府农业农村主管部门制定本行政区域官方兽医培训计划，提供必要的培训条件，设立考核指标，定期对官方兽医进行培训和考核。

第三十二条 官方兽医实施动物检疫的，可以由协检人员进行协助。协检人员不得出具动物检疫证明。

协检人员的条件和管理要求由省级农业农村主管部门规定。

第三十三条 动物饲养场、屠宰加工场所的执业兽医或者动物防疫技术人员，应当协助官方兽医实施动物检疫。

第三十四条 对从事动物检疫工作的人员，有关单位按照国家规定，采取有效的卫生防护、医疗保健措施，全面落实畜牧兽医医疗卫生津贴等相关待遇。

对在动物检疫工作中做出贡献的动物卫生监督机构、官方兽医，按照国家有关规定给予表彰、奖励。

第七章 动物检疫证章标志管理

第三十五条 动物检疫证章标志包括：

（一）动物检疫证明；

（二）动物检疫印章、动物检疫标志；

（三）农业农村部规定的其他动物检疫证章标志。

第三十六条 动物检疫证章标志的内容、格式、规格、编码和制作等要求，由农业农村部统一规定。

第三十七条 县级以上动物卫生监督机构负责本行政区域内动物检疫证章标志的管理工作，建立动物检疫证章标志管理制度，严格按照程序订购、保管、发放。

第三十八条 任何单位和个人不得伪造、变造、转让动物检疫证章标志，不得持有或者使用伪造、变造、转让的动物检疫证章标志。

第八章　监督管理

第三十九条　禁止屠宰、经营、运输依法应当检疫而未经检疫或者检疫不合格的动物。

禁止生产、经营、加工、贮藏、运输依法应当检疫而未经检疫或者检疫不合格的动物产品。

第四十条　经检疫不合格的动物、动物产品，由官方兽医出具检疫处理通知单，货主或者屠宰加工场所应当在农业农村主管部门的监督下按照国家有关规定处理。

动物卫生监督机构应当及时向同级农业农村主管部门报告检疫不合格情况。

第四十一条　有下列情形之一的，出具动物检疫证明的动物卫生监督机构或者其上级动物卫生监督机构，根据利害关系人的请求或者依据职权，撤销动物检疫证明，并及时通告有关单位和个人：

（一）官方兽医滥用职权、玩忽职守出具动物检疫证明的；

（二）以欺骗、贿赂等不正当手段取得动物检疫证明的；

（三）超出动物检疫范围实施检疫，出具动物检疫证明的；

（四）对不符合检疫申报条件或者不符合检疫合格标准的动物、动物产品，出具动物检疫证明的；

（五）其他未按照《中华人民共和国动物防疫法》、本办法和检疫规程的规定实施检疫，出具动物检疫证明的。

第四十二条　有下列情形之一的，按照依法应当检疫而未经检疫处理处罚：

（一）动物种类、动物产品名称、畜禽标识号与动物检疫证明不符的；

（二）动物、动物产品数量超出动物检疫证明载明部分的；

（三）使用转让的动物检疫证明的。

第四十三条　依法应当检疫而未经检疫的动物、动物产品，由县级以上地方人民政府农业农村主管部门依照《中华人民共和国动物防疫法》处理处罚，不具备补检条件的，予以收缴销毁；具备补检条件的，由动物卫生监督机构补检。

依法应当检疫而未经检疫的胴体、肉、脏器、脂、血液、精液、卵、胚胎、骨、蹄、头、筋、种蛋等动物产品，不予补检，予以收缴销毁。

第四十四条 补检的动物具备下列条件的，补检合格，出具动物检疫证明：

(一)畜禽标识符合规定；

(二)检疫申报需要提供的材料齐全、符合要求；

(三)临床检查健康；

(四)不符合第一项或者第二项规定条件，货主于七日内提供检疫规程规定的实验室疫病检测报告，检测结果合格。

第四十五条 补检的生皮、原毛、绒、角等动物产品具备下列条件的，补检合格，出具动物检疫证明：

(一)经外观检查无腐烂变质；

(二)按照规定进行消毒；

(三)货主于七日内提供检疫规程规定的实验室疫病检测报告，检测结果合格。

第四十六条 经检疫合格的动物应当按照动物检疫证明载明的目的地运输，并在规定时间内到达，运输途中发生疫情的应当按有关规定报告并处置。

跨省、自治区、直辖市通过道路运输动物的，应当经省级人民政府设立的指定通道入省境或者过省境。

饲养场(户)或者屠宰加工场所不得接收未附有有效动物检疫证明的动物。

第四十七条 运输用于继续饲养或屠宰的畜禽到达目的地后，货主或者承运人应当在三日内向启运地县级动物卫生监督机构报告；目的地饲养场(户)或者屠宰加工场所应当在接收畜禽后三日内向所在地县级动物卫生监督机构报告。

第九章 法律责任

第四十八条 申报动物检疫隐瞒有关情况或者提供虚假材料的，或者以欺骗、贿赂等不正当手段取得动物检疫证明的，依照《中华人民共和国行政许可法》有关规定予以处罚。

第四十九条 违反本办法规定运输畜禽，有下列行为之一的，由县级以上地方人民政府农业农村主管部门处一千元以上三千元以下罚款；情节严重的，处三千元以上三万元以下罚款：

（一）运输用于继续饲养或者屠宰的畜禽到达目的地后，未向启运地动物卫生监督机构报告的；

（二）未按照动物检疫证明载明的目的地运输的；

（三）未按照动物检疫证明规定时间运达且无正当理由的；

（四）实际运输的数量少于动物检疫证明载明数量且无正当理由的。

第五十条 其他违反本办法规定的行为，依照《中华人民共和国动物防疫法》有关规定予以处罚。

第十章 附 则

第五十一条 水产苗种产地检疫，由从事水生动物检疫的县级以上动物卫生监督机构实施。

第五十二条 实验室疫病检测报告应当由动物疫病预防控制机构、取得相关资质认定、国家认可机构认可或者符合省级农业农村主管部门规定条件的实验室出具。

第五十三条 本办法自 2022 年 12 月 1 日起施行。农业部 2010 年 1 月 21 日公布、2019 年 4 月 25 日修订的《动物检疫管理办法》同时废止。

动物防疫条件审查办法

（农业农村部令 2022 年第 8 号）

第一章　总　则

第一条　为了规范动物防疫条件审查，有效预防、控制、净化、消灭动物疫病，防控人畜共患传染病，保障公共卫生安全和人体健康，根据《中华人民共和国动物防疫法》，制定本办法。

第二条　动物饲养场、动物隔离场所、动物屠宰加工场所以及动物和动物产品无害化处理场所，应当符合本办法规定的动物防疫条件，并取得动物防疫条件合格证。

经营动物和动物产品的集贸市场应当符合本办法规定的动物防疫条件。

第三条　农业农村部主管全国动物防疫条件审查和监督管理工作。

县级以上地方人民政府农业农村主管部门负责本行政区域内的动物防疫条件审查和监督管理工作。

第四条　动物防疫条件审查应当遵循公开、公平、公正、便民的原则。

第五条　农业农村部加强信息化建设，建立动物防疫条件审查信息管理系统。

第二章　动物防疫条件

第六条　动物饲养场、动物隔离场所、动物屠宰加工场所以及动物和动物产品无害化处理场所应当符合下列条件：

（一）各场所之间，各场所与动物诊疗场所、居民生活区、生活饮用水水源地、学校、医院等公共场所之间保持必要的距离；

（二）场区周围建有围墙等隔离设施；场区出入口处设置运输车辆消毒通道或者消毒池，并单独设置人员消毒通道；生产经营区与生活办公区分开，并有隔离设施；生产经营区入口处设置人员更衣消毒室；

（三）配备与其生产经营规模相适应的执业兽医或者动物防疫技术人员；

（四）配备与其生产经营规模相适应的污水、污物处理设施，清洗消毒设施设备，以及必要的防鼠、防鸟、防虫设施设备；

（五）建立隔离消毒、购销台账、日常巡查等动物防疫制度。

第七条 动物饲养场除符合本办法第六条规定外，还应当符合下列条件：

（一）设置配备疫苗冷藏冷冻设备、消毒和诊疗等防疫设备的兽医室；

（二）生产区清洁道、污染道分设；具有相对独立的动物隔离舍；

（三）配备符合国家规定的病死动物和病害动物产品无害化处理设施设备或者冷藏冷冻等暂存设施设备；

（四）建立免疫、用药、检疫申报、疫情报告、无害化处理、畜禽标识及养殖档案管理等动物防疫制度。

禽类饲养场内的孵化间与养殖区之间应当设置隔离设施，并配备种蛋熏蒸消毒设施，孵化间的流程应当单向，不得交叉或者回流。

种畜禽场除符合本条第一款、第二款规定外，还应当有国家规定的动物疫病的净化制度；有动物精液、卵、胚胎采集等生产需要的，应当设置独立的区域。

第八条 动物隔离场所除符合本办法第六条规定外，还应当符合下列条件：

（一）饲养区内设置配备疫苗冷藏冷冻设备、消毒和诊疗等防疫设备的兽医室；

（二）饲养区内清洁道、污染道分设；

（三）配备符合国家规定的病死动物和病害动物产品无害化处理设施设备或者冷藏冷冻等暂存设施设备；

（四）建立动物进出登记、免疫、用药、疫情报告、无害化处理等动物防疫制度。

第九条　动物屠宰加工场所除符合本办法第六条规定外，还应当符合下列条件：

（一）入场动物卸载区域有固定的车辆消毒场地，并配备车辆清洗消毒设备；

（二）有与其屠宰规模相适应的独立检疫室和休息室；有待宰圈、急宰间，加工原毛、生皮、绒、骨、角的，还应当设置封闭式熏蒸消毒间；

（三）屠宰间配备检疫操作台；

（四）有符合国家规定的病死动物和病害动物产品无害化处理设施设备或者冷藏冷冻等暂存设施设备；

（五）建立动物进场查验登记、动物产品出场登记、检疫申报、疫情报告、无害化处理等动物防疫制度。

第十条　动物和动物产品无害化处理场所除符合本办法第六条规定外，还应当符合下列条件：

（一）无害化处理区内设置无害化处理间、冷库；

（二）配备与其处理规模相适应的病死动物和病害动物产品的无害化处理设施设备，符合农业农村部规定条件的专用运输车辆，以及相关病原检测设备，或者委托有资质的单位开展检测；

（三）建立病死动物和病害动物产品入场登记、无害化处理记录、病原检测、处理产物流向登记、人员防护等动物防疫制度。

第十一条　经营动物和动物产品的集贸市场应当符合下列条件：

（一）场内设管理区、交易区和废弃物处理区，且各区相对独立；

（二）动物交易区与动物产品交易区相对隔离，动物交易区内不同种类动物交易场所相对独立；

（三）配备与其经营规模相适应的污水、污物处理设施和清洗消毒设施设备；

（四）建立定期休市、清洗消毒等动物防疫制度。

经营动物的集贸市场，除符合前款规定外，周围应当建有隔离设施，运输动物车辆出入口处设置消毒通道或者消毒池。

第十二条 活禽交易市场除符合本办法第十一条规定外，还应当符合下列条件：

（一）活禽销售应单独分区，有独立出入口；市场内水禽与其他家禽应相对隔离；活禽宰杀间应相对封闭，宰杀间、销售区域、消费者之间应实施物理隔离；

（二）配备通风、无害化处理等设施设备，设置排污通道；

（三）建立日常监测、从业人员卫生防护、突发事件应急处置等动物防疫制度。

第三章 审查发证

第十三条 开办动物饲养场、动物隔离场所、动物屠宰加工场所以及动物和动物产品无害化处理场所，应当向县级人民政府农业农村主管部门提交选址需求。

县级人民政府农业农村主管部门依据评估办法，结合场所周边的天然屏障、人工屏障、饲养环境、动物分布等情况，以及动物疫病发生、流行和控制等因素，实施综合评估，确定本办法第六条第一项要求的距离，确认选址。

前款规定的评估办法由省级人民政府农业农村主管部门依据《中华人民共和国畜牧法》《中华人民共和国动物防疫法》等法律法规和本办法制定。

第十四条 本办法第十三条规定的场所建设竣工后，应当向所在地县级人民政府农业农村主管部门提出申请，并提交以下材料：

（一）《动物防疫条件审查申请表》；

（二）场所地理位置图、各功能区布局平面图；

（三）设施设备清单；

（四）管理制度文本；

（五）人员信息。

申请材料不齐全或者不符合规定条件的，县级人民政府农业农村主管部门应当自收到申请材料之日起五个工作日内，一次性告知申请人需补正的内容。

第十五条　县级人民政府农业农村主管部门应当自受理申请之日起十五个工作日内完成材料审核，并结合选址综合评估结果完成现场核查，审查合格的，颁发动物防疫条件合格证；审查不合格的，应当书面通知申请人，并说明理由。

第十六条　动物防疫条件合格证应当载明申请人的名称(姓名)、场(厂)址、动物(动物产品)种类等事项，具体格式由农业农村部规定。

第四章　监督管理

第十七条　患有人畜共患传染病的人员不得在本办法第二条所列场所直接从事动物疫病检测、检验、协助检疫、诊疗以及易感染动物的饲养、屠宰、经营、隔离等活动。

第十八条　县级以上地方人民政府农业农村主管部门依照《中华人民共和国动物防疫法》和本办法以及有关法律、法规的规定，对本办法第二条所列场所的动物防疫条件实施监督检查，有关单位和个人应当予以配合，不得拒绝和阻碍。

第十九条　推行动物饲养场分级管理制度，根据规模、设施设备状况、管理水平、生物安全风险等因素采取差异化监管措施。

第二十条　取得动物防疫条件合格证后，变更场址或者经营范围的，应当重新申请办理，同时交回原动物防疫条件合格证，由原发证机关予以注销。

变更布局、设施设备和制度，可能引起动物防疫条件发生变化的，应当提前三十日向原发证机关报告。发证机关应当在十五日内完成审查，并将审查结果通知申请人。

变更单位名称或者法定代表人(负责人)的，应当在变更后十五日内持有效证明申请变更动物防疫条件合格证。

第二十一条　动物饲养场、动物隔离场所、动物屠宰加工场所以及动物和动物产品无害化处理场所，应当在每年三月底前将上一年的动物防疫条件情况和防疫制度执行情况向县级人民政府农业农村主管部门报告。

第二十二条　禁止转让、伪造或者变造动物防疫条件合格证。

第二十三条 动物防疫条件合格证丢失或者损毁的，应当在十五日内向原发证机关申请补发。

第五章 法律责任

第二十四条 违反本办法规定，有下列行为之一的，依照《中华人民共和国动物防疫法》第九十八条的规定予以处罚：

（一）动物饲养场、动物隔离场所、动物屠宰加工场所以及动物和动物产品无害化处理场所变更场所地址或者经营范围，未按规定重新办理动物防疫条件合格证的；

（二）经营动物和动物产品的集贸市场不符合本办法第十一条、第十二条动物防疫条件的。

第二十五条 违反本办法规定，动物饲养场、动物隔离场所、动物屠宰加工场所以及动物和动物产品无害化处理场所未经审查变更布局、设施设备和制度，不再符合规定的动物防疫条件继续从事相关活动的，依照《中华人民共和国动物防疫法》第九十九条的规定予以处罚。

第二十六条 违反本办法规定，动物饲养场、动物隔离场所、动物屠宰加工场所以及动物和动物产品无害化处理场所变更单位名称或者法定代表人（负责人）未办理变更手续的，由县级以上地方人民政府农业农村主管部门责令限期改正；逾期不改正的，处一千元以上五千元以下罚款。

第二十七条 违反本办法规定，动物饲养场、动物隔离场所、动物屠宰加工场所以及动物和动物产品无害化处理场所未按规定报告动物防疫条件情况和防疫制度执行情况的，依照《中华人民共和国动物防疫法》第一百零八条的规定予以处罚。

第二十八条 违反本办法规定，涉嫌犯罪的，依法移送司法机关追究刑事责任。

第六章 附 则

第二十九条 本办法所称动物饲养场是指《中华人民共和国畜牧法》规定的畜禽养殖场。

本办法所称经营动物和动物产品的集贸市场，是指经营畜禽或者专门经营畜禽产品，并取得营业执照的集贸市场。

动物饲养场内自用的隔离舍，参照本办法第八条规定执行，不再另行办理动物防疫条件合格证。

动物饲养场、隔离场所、屠宰加工场所内的无害化处理区域，参照本办法第十条规定执行，不再另行办理动物防疫条件合格证。

第三十条 本办法自 2022 年 12 月 1 日起施行。农业部 2010 年 1 月 21 日公布的《动物防疫条件审查办法》同时废止。

本办法施行前已取得动物防疫条件合格证的各类场所，应当自本办法实施之日起一年内达到本办法规定的条件。

动物病原微生物分类名录

(农业部令第53号)

根据《病原微生物实验室生物安全管理条例》第七条、第八条的规定，对动物病原微生物分类如下。

一、一类动物病原微生物

口蹄疫病毒、高致病性禽流感病毒、猪水泡病病毒、非洲猪瘟病毒、非洲马瘟病毒、牛瘟病毒、小反刍兽疫病毒、牛传染性胸膜肺炎丝状支原体、牛海绵状脑病病原、痒病病原。

二、二类动物病原微生物

猪瘟病毒、鸡新城疫病毒、狂犬病病毒、绵羊痘/山羊痘病毒、蓝舌病病毒、兔病毒性出血症病毒、炭疽芽孢杆菌、布氏杆菌。

三、三类动物病原微生物

多种动物共患病病原微生物：低致病性流感病毒、伪狂犬病病毒、破伤风梭菌、气肿疽梭菌、结核分支杆菌、副结核分支杆菌、致病性大肠杆菌、沙门氏菌、巴氏杆菌、致病性链球菌、李氏杆菌、产气荚膜梭菌、嗜水气单胞菌、肉毒梭状芽孢杆菌、腐败梭菌和其他致病性梭菌、鹦鹉热衣原体、放线菌、钩端螺旋体。

牛病病原微生物：牛恶性卡他热病毒、牛白血病病毒、牛流行热病毒、牛传染性鼻气管炎病毒、牛病毒腹泻/黏膜病病毒、牛生殖器弯曲杆菌、日本血吸虫。

绵羊和山羊病病原微生物：山羊关节炎/脑脊髓炎病毒、梅迪/维斯纳病病毒、传染性脓疱皮炎病毒。

猪病病原微生物：日本脑炎病毒、猪繁殖与呼吸综合征病毒、猪细小病毒、猪圆环病毒、猪流行性腹泻病毒、猪传染性胃肠炎病毒、猪丹毒杆菌、猪支气管败血波氏杆菌、猪胸膜肺炎放线杆菌、副猪嗜血杆菌、猪肺炎支原体、猪密螺旋体。

马病病原微生物：马传染性贫血病毒、马动脉炎病毒、马病毒性流产病毒、马鼻炎病毒、鼻疽假单胞菌、类鼻疽假单胞菌、假皮疽组织胞浆菌、溃疡性淋巴管炎假结核棒状杆菌。

禽病病原微生物：鸭瘟病毒、鸭病毒性肝炎病毒、小鹅瘟病毒、鸡传染性法氏囊病病毒、鸡马立克氏病病毒、禽白血病/肉瘤病毒、禽网状内皮组织增殖病病毒、鸡传染性贫血病毒、鸡传染性喉气管炎病毒、鸡传染性支气管炎病毒、鸡减蛋综合征病毒、禽痘病毒、鸡病毒性关节炎病毒、禽传染性脑脊髓炎病毒、副鸡嗜血杆菌、鸡毒支原体、鸡球虫。

兔病病原微生物：兔黏液瘤病病毒、野兔热土拉杆菌、兔支气管败血波氏杆菌、兔球虫。

水生动物病病原微生物：流行性造血器官坏死病毒、传染性造血器官坏死病毒、马苏大麻哈鱼病毒、病毒性出血性败血症病毒、锦鲤疱疹病毒、斑点叉尾鮰病毒、病毒性脑病和视网膜病毒、传染性胰脏坏死病毒、真鲷虹彩病毒、白鲟虹彩病毒、中肠腺坏死杆状病毒、传染性皮下和造血器官坏死病毒、核多角体杆状病毒、虾产卵死亡综合症病毒、鳖鳃腺炎病毒、Taura 综合症病毒、对虾白斑综合症病毒、黄头病病毒、草鱼出血病毒、鲤春病毒血症病毒、鲍球形病毒、鲑鱼传染性贫血病毒。

蜜蜂病病原微生物：美洲幼虫腐臭病幼虫杆菌、欧洲幼虫腐臭病蜂房蜜蜂球菌、白垩病蜂球囊菌、蜜蜂微孢子虫、跗腺螨、雅氏大蜂螨。

其他动物病病原微生物：犬瘟热病毒、犬细小病毒、犬腺病毒、犬冠状病毒、犬副流感病毒、猫泛白细胞减少综合症病毒、水貂阿留申病病毒、水貂病毒性肠炎病毒。

四、四类动物病原微生物

是指危险性小、低致病力、实验室感染机会少的兽用生物制品、疫苗生产用的各种弱毒病原微生物以及不属于第一、二、三类的各种低毒力的病原微生物。

人畜共患传染病名录

（农业农村部公告第 571 号）

根据《中华人民共和国动物防疫法》有关规定，我部对原《人畜共患传染病名录》进行了修订，现予发布，自发布之日起施行。2009 年发布的农业部第 1149 号公告同时废止。

附件：人畜共患传染病名录

农业农村部

2022 年 6 月 23 日

附件 人畜共患传染病名录

牛海绵状脑病、高致病性禽流感、狂犬病、炭疽、布鲁氏菌病、弓形虫病、棘球蚴病、钩端螺旋体病、沙门氏菌病、牛结核病、日本血吸虫病、日本脑炎（流行性乙型脑炎）、猪链球菌Ⅱ型感染、旋毛虫病、囊尾蚴病、马鼻疽、李氏杆菌病、类鼻疽、片形吸虫病、鹦鹉热、Q 热、利什曼原虫病、尼帕病毒性脑炎、华支睾吸虫病

一、二、三类动物疫病病种名录

（农业农村部公告第573号）

一类动物疫病(11种)

口蹄疫、猪水疱病、非洲猪瘟、尼帕病毒性脑炎、非洲马瘟、牛海绵状脑病、牛瘟、牛传染性胸膜肺炎、痒病、小反刍兽疫、高致病性禽流感

二类动物疫病(37种)

多种动物共患病(7种)：狂犬病、布鲁氏菌病、炭疽、蓝舌病、日本脑炎、棘球蚴病、日本血吸虫病

牛病(3种)：牛结节性皮肤病、牛传染性鼻气管炎(传染性脓疱外阴阴道炎)、牛结核病

绵羊和山羊病(2种)：绵羊痘和山羊痘、山羊传染性胸膜肺炎

马病(2种)：马传染性贫血、马鼻疽

猪病(3种)：猪瘟、猪繁殖与呼吸综合征、猪流行性腹泻

禽病(3种)：新城疫、鸭瘟、小鹅瘟

兔病(1种)：兔出血症

蜜蜂病(2种)：美洲蜜蜂幼虫腐臭病、欧洲蜜蜂幼虫腐臭病

鱼类病(11种)：鲤春病毒血症、草鱼出血病、传染性脾肾坏死病、锦鲤疱疹病毒病、刺激隐核虫病、淡水鱼细菌性败血症、病毒性神经坏死病、传染性造血器官坏死病、流行性溃疡综合征、鲫造血器官坏死病、鲤浮肿病

甲壳类病(3种)：白斑综合征、十足目虹彩病毒病、虾肝肠胞虫病

三类动物疫病(126种)

多种动物共患病(25种)：伪狂犬病、轮状病毒感染、产气荚膜梭菌病、大

肠杆菌病、巴氏杆菌病、沙门氏菌病、李氏杆菌病、链球菌病、溶血性曼氏杆菌病、副结核病、类鼻疽、支原体病、衣原体病、附红细胞体病、Q 热、钩端螺旋体病、东毕吸虫病、华支睾吸虫病、囊尾蚴病、片形吸虫病、旋毛虫病、血矛线虫病、弓形虫病、伊氏锥虫病、隐孢子虫病

牛病(10 种)：牛病毒性腹泻、牛恶性卡他热、地方流行性牛白血病、牛流行热、牛冠状病毒感染、牛赤羽病、牛生殖道弯曲杆菌病、毛滴虫病、牛梨形虫病、牛无浆体病

绵羊和山羊病(7 种)：山羊关节炎/脑炎、梅迪-维斯纳病、绵羊肺腺瘤病、羊传染性脓疱皮炎、干酪性淋巴结炎、羊梨形虫病、羊无浆体病

马病(8 种)：马流行性淋巴管炎、马流感、马腺疫、马鼻肺炎、马病毒性动脉炎、马传染性子宫炎、马媾疫、马梨形虫病

猪病(13 种)：猪细小病毒感染、猪丹毒、猪传染性胸膜肺炎、猪波氏菌病、猪圆环病毒病、格拉瑟病、猪传染性胃肠炎、猪流感、猪丁型冠状病毒感染、猪塞内卡病毒感染、仔猪红痢、猪痢疾、猪增生性肠病

禽病(21 种)：禽传染性喉气管炎、禽传染性支气管炎、禽白血病、传染性法氏囊病、马立克病、禽痘、鸭病毒性肝炎、鸭浆膜炎、鸡球虫病、低致病性禽流感、禽网状内皮组织增殖病、鸡病毒性关节炎、禽传染性脑脊髓炎、鸡传染性鼻炎、禽坦布苏病毒感染、禽腺病毒感染、鸡传染性贫血、禽偏肺病毒感染、鸡红螨病、鸡坏死性肠炎、鸭呼肠孤病毒感染

兔病(2 种)：兔波氏菌病、兔球虫病

蚕、蜂病(8 种)：蚕多角体病、蚕白僵病、蚕微粒子病、蜂螨病、瓦螨病、亮热厉螨病、蜜蜂孢子虫病、白垩病

犬猫等动物病(10 种)：水貂阿留申病、水貂病毒性肠炎、犬瘟热、犬细小病毒病、犬传染性肝炎、猫泛白细胞减少症、猫嵌杯病毒感染、猫传染性腹膜炎、犬巴贝斯虫病、利什曼原虫病

鱼类病(11 种)：真鲷虹彩病毒病、传染性胰脏坏死病、牙鲆弹状病毒病、鱼爱德华氏菌病、链球菌病、细菌性肾病、杀鲑气单胞菌病、小瓜虫病、粘孢子虫病、三代虫病、指环虫病

甲壳类病(5 种)：黄头病、桃拉综合征、传染性皮下和造血组织坏死病、

急性肝胰腺坏死病、河蟹螺原体病

贝类病(3种)：鲍疱疹病毒病、奥尔森派琴虫病、牡蛎疱疹病毒病

两栖与爬行类病(3种)：两栖类蛙虹彩病毒病、鳖腮腺炎病、蛙脑膜炎败血症

湖南省农业农村厅、中共湖南省委机构编制委员会办公室关于印发《湖南省加强基层动植物疫病防控体系建设实施方案》的通知

（湘农联〔2022〕108 号）

动植物疫病防控体系事关生物安全风险防控，事关国家粮食安全和重要农产品有效供给，事关人民群众生命健康。为进一步推进我省基层动植物疫病防控体系建设，根据《农业农村部、中央机构编制委员会办公室关于加强基层动植物疫病防控体系建设的意见》（农人发〔2022〕1 号）精神，结合我省实际，制定本方案。

一、指导思想

以习近平新时代中国特色社会主义思想为指导，深入贯彻落实习近平总书记重要指示精神，按照动物疫病防控坚持“积极防御、主动治理、人病兽防、关口前移”、植物疫病防控坚持“政府主导、属地负责、分类管理、科技支撑、绿色防控”的总体思路，突出问题导向，优化机构职能体系，配齐配强专业人员，实行定责定岗定人，压实属地责任，落实预防、控制、净化、消灭措施，全链条做好动植物疫病防控各项工作，为筑牢我省生物安全屏障和保障国家粮食、生猪等重要农产品安全提供有力支撑。

二、目标任务

（一）工作目标

采取切实有效措施，进一步健全机构、完善体系、明确职责、理顺关系、优化机制、强化保障，建立全链条、全覆盖、可追溯、协同高效的基层动植物疫病防控体系。到2022年底前实现县乡动植物疫病防控责任明确到机构、明确到岗位、明确到人员，确保责有人负、活有人干、事有人管，有效提升动植物疫病防控的指挥协调、安全防护、应急处置能力。

（二）工作任务

动植物疫病防控工作具有显著的专业性、公益性、兜底性，要细化动植物疫病防控各项工作要求，明确责任，落实任务，着力做好以下工作。

1. 强化动植物疫病监测预警。加强基层动植物疫病监测预警网络建设，健全监测预警体系，加大监测力度密度，提升检测和诊断能力，及时开展风险评估、发布预报预警信息，做到早发现、早预警、早应对。

2. 强化动植物疫病防控指导。指导生产经营主体采取免疫、消毒、封锁防控、生物防治、科学安全用药等综合措施，有效防控动植物疫病。组织开展动植物疫病区域化管理等工作，推进联防联控、群防群控、绿色防控。

3. 强化动植物检疫监管。依法落实产地检疫、屠宰检疫、调运监管、检疫性有害生物普查等制度。加强对生产经营主体的日常监管，督促其依法落实防疫主体责任，严防动植物疫情传播蔓延。

4. 强化动植物疫情应急处置。修订完善动植物疫病防控应急预案，规范疫情报告、预案启动、疫情处置、疫情解除、善后处理等工作程序。加强应急处置队伍建设，定期组织应急演练和培训。做好防疫应急物资储备管理和调度，切实保障突发重大动植物疫情应急处置需要。完善应急处置工作机制，严格落实重大动植物疫病报告、处理等措施。

三、主要措施

切实加强基层动植物疫病防控体系建设，立足更精准更有效地防，明确机构定位，加强工作力量，健全工作机制，提升专业能力，夯实基层动植物疫病防控根基。

(一)健全防控机构

根据中央“严控总量、统筹使用，有增有减、动态平衡，保证重点、服务发展”的要求，主要依托现有机构编制资源，在县(市、区)农业农村主管部门现有事业单位总量内，按照“撤一建一”原则，健全基层动物疫病预防控制、动物卫生监督和植保植检机构，规范机构名称，理顺体制机制。

1. 县(市)和县(市)改设的区，独立设置动物疫病预防控制机构，名称统一为“××县(市、区)动物疫病预防控制中心”，为县(市、区)农业农村主管部门所属公益类事业单位。其他市辖区动物疫病预防控制机构可与相关机构综合设置，统一在一个主体机构加挂“××区动物疫病预防控制中心”牌子。

2. 县级动物卫生监督机构与县级畜牧水产事务机构综合设置(县级未设畜牧水产事务机构的，可与相关机构综合设置)，统一在一个主体机构加挂“××县(市、区)动物卫生监督所”牌子。

3. 农作物种植面积50万亩以上的农业大县(市、区)，独立设置植物疫病预防控制机构，名称统一为“××县(市、区)植保植检站”，为县(市、区)农业农村主管部门所属公益类事业单位；其他县(市、区)植物疫病预防控制机构可与相关机构综合设置，统一在一个主体机构加挂“××县(市、区)植保植检站”牌子。

4. 乡镇农业综合服务中心统一加挂“动植物疫病防控中心”牌子，推动动植物疫病防控工作力量向基层一线下沉。县级动物卫生监督机构根据动物检疫工作需要，可向乡镇或特定区域的动物检疫点派驻专业人员。依托现有机构编制资源，加强动物疫病检测实验室、动物检疫点等建设。

(二)理顺防控职责

要把动植物疫病防控职责明确到具体的工作机构，强化协调配合，提高履职整体效能，避免职责悬空、任务落空。

1. 县级农业农村主管部门主管本辖区的动物、植物防疫工作；承担组织动物疫病防控机构、植物保护工作机构开展动物疫病防控、农作物病虫害防治等职责。

2. 县级动物疫病预防控制机构，承担动物疫病的监测、检测、诊断、流行病学调查、疫情报告以及其他预防、控制等技术工作；承担动物疫病净化、消灭的技术工作；按照动物疫病净化、消灭规划、计划，开展动物疫病净化技术指导、培训，对动物疫病净化效果进行监测、评估等工作。

3. 县级动物卫生监督机构，承担本地区动物及动物产品的检疫工作、畜禽调运监管工作；承担动物检疫证章标志管理工作，承担动物检疫信息统计分析工作；参与动物防疫日常管理事务、病死动物无害化处理等工作。

4. 县级植保植检机构，承担本地区植物保护相关具体工作，负责执行本地区的植物检疫任务；负责本地区农业植物疫情普查、监测、预报预警、发生防控信息报告与发布的具体工作；负责农作物病虫害防控体系建设与运行管理、病虫害监测预报、病虫情报发布防治技术指导、农药(械)科学安全使用及其他植保新技术试验推广等工作。

5. 乡镇承担动植物疫病防控职责的机构，负责动物疫情排查、畜禽强制免疫与农作物病虫害防治的组织实施、防疫宣传、疫情报告与应急处置、病死动物无害化处理等工作，受委托开展动物及动物产品的检疫、农业植物检疫等工作。

县级农业综合行政执法机构、乡镇综合行政执法机构，分别承担县、乡两级动植物疫病防控相关行政执法职责。

(三)加强队伍建设

各地要结合工作实际，综合考虑畜禽养殖数量、养殖密度、畜禽产品流通、农作物种植面积、病虫害发生种类、防控指导区域面积等因素，加强动植物疫病防控工作力量。人员配备要立足现有编制配足配强，确需增加编制的，优先从本地农业农村主管部门内部调剂。确实无法满足的，在县(市、区)事业编制总量内通过跨部门调剂等方式加以保障。

1. 县(市)和县(市)改设的区动物疫病预防控制机构配备事业编制 8 名左右，其他市辖区配备事业编制 5 名左右，专业技术人员占比不低于 80%。

2. 县级植保植检机构按每 10 万亩作物配备 1 名植保植检专业人员事业编制，环境复杂或病虫害多发重发地区适当增加植保植检人员编制(最多不超过 10 名)。独立设置的植保植检机构，其专业技术人员占比不低于 80%。

3. 县(市、区)综合考虑本辖区定点屠宰场数量和规模、动物检疫申报点数量以及畜禽出栏量等因素，合理配备从事动物卫生监督工作的人员力量。

4. 乡镇按照定责定岗定人要求，在承担动植物防疫职责的机构中分别设置动物疫病防控、植物疫病防控岗位，岗位主要为专业技术岗，并足额配齐配强动植物防疫专业人员。专职动植物防疫人员事业编制按平均每乡镇 4 名配备(农业乡镇至少配备 1 名植保员)，各县(市、区)根据乡镇动植物疫病防控任务统筹使用。

5. 县级农业综合行政执法机构、乡镇综合行政执法机构，应明确与承担县乡两级动植物疫病防控执法工作任务相适应的人员力量。支持通过政府购买服务等方式，在县乡两级招聘动物检疫协检员、动物防疫专员、植保植检专员，在行政村配备村级动植物防疫人员。

(四)健全工作机制

加强与卫健、林业、检验检疫等相关部门人兽共患病疫情、境外动植物疫情等信息共享，提高部门间防控措施的协同性。理顺动植物防疫监管和农业综合执法关系，促进职能衔接。完善县乡联动机制，县级动植物疫病防控机构定期对乡镇动植物防疫人员开展技术培训和业务指导，切实将动植物疫病防控技术要求落到实处。推动工作力量下沉，将下乡进村服务的工作量和实绩作为人员考评的主要指标，县级动植物防疫人员每年不少于三分之一时间下乡服务，乡镇动植物防疫人员每年不少于二分之一时间进村服务。

（五）加强能力建设

加强县级兽医实验室建设，配齐实验室设施设备，达到非洲猪瘟、高致病性禽流感等动物疫病病原学检测能力。加强动植物疫病防控工作人才队伍建设，保证人力资源储备。做好县乡动植物防疫人员知识更新培训，每3年轮训1次。将职务职级晋升和职称评定、表彰奖励向业绩突出、考核优秀的基层动植物防疫人员倾斜。加强县级动植物疫病防控机构和乡镇动植物防疫机构条件建设，推进动植物疫病防控信息化建设。推进兽医社会化服务，扶持和培育新型兽医服务组织承接动物免疫、疫病检测、无害化处理、动物健康检查等兽医服务。加快推进动植物防疫社会化服务，鼓励各地通过政府购买服务等方式支持社会化服务组织发展。

四、组织实施

各地要准确把握总体要求，积极争取党委、政府重视支持，把动植物疫病防控工作纳入乡村振兴和基层治理一体谋划，切实加强基层动植物疫病防控工作力量，确保不出现“线断、网破、人散”现象，确保基层动植物疫病防控工作只能加强、不能削弱。

（一）强化组织领导

落实动物植物疫病防控工作属地管理责任。县级以上人民政府对动植物防疫工作实行统一领导，采取有效措施稳定基层机构队伍。政府主要负责人为动植物防疫工作的第一责任人，负责组织领导动植物疫病防控体系建设工作。市县农业农村主管部门要会同机构编制部门成立工作专班，压实责任，倒排工期，确保按时完成各项改革任务。

（二）落实经费保障

完善“政府投入、分级负责”的经费保障机制，持续稳定加大投入力度，为动植物疫病预防控制工作正常开展提供相应保障。将动植物疫病的诊断、监测、预防、控制、扑灭、净化经费以及畜牧兽医卫生津贴、农业有毒有害津贴、动植物疫情应急处置物资储备、动植物检疫等经费，纳入各级财政预算、及时拨付。县级以上动物疫病预防控制机构、动物卫生监督机构、植保植检机构所需人员经费、公用经费和业务经费，根据人员编制、经费标准、服务任务完成及考核情况，由同级政府按照相应预算管理方式予以保障。入湘生猪及产品指定通道动物卫生监督检查站，应足额保障运行经费。在重大动植物疫病防控应急期间、节假日加班或临时设立的道路检查消毒哨卡，应安排必要的工作条件和人员加班补助经费。

(三)加强督促指导

基层动植物疫病防控体系建设情况纳入粮食安全党政同责、“菜篮子”市长负责制考核内容，强化对基层动植物防控体系建设进度的工作督导。组织开展兽医体系效能评估，对存在明显短板弱项要进行针对性整改。市县农业农村主管部门和机构编制部门要结合实际制定本地动植物疫病防控体系建设实施方案，按程序报批后组织实施。各市州农业农村主管部门和机构编制部门要加强对所辖县(市、区)动植物疫病防控工作的分类指导，及时上报工作进展情况，督导各项任务落地落实。省农业农村厅会同省委编办按月调度基层动植物疫病防控体系建设情况，对改革进展缓慢的地区进行专门调研指导，对落实不到位或进度严重偏慢的地区进行通报。各市州于 12 月 20 日前将本地区动植物疫病防控体系建设实施情况上报省农业农村厅、省委编办。

参考文献

REFERENCE

一、书、专著类

[1] 杨合庆. 中华人民共和国动物防疫法释义[M]. 北京：法律出版社，2021.

[2] 施春风. 中华人民共和国动物防疫法解读[M]. 北京：中国法制出版社，2021.

[3] 王瑞贺，杨振海. 中华人民共和国动物防疫法释义[M]. 北京：中国民主法制出版社，2021.

[4] 刘振伟，于康震. 中华人民共和国动物防疫法导读[M]. 北京：中国民主法制出版社，2021.

[5] 王功民. 中华人民共和国动物防疫法实用实答[M]. 北京：中国民主法制出版社，2021.

[6] 武深树，傅胜才，伍远安. 规模山羊场疾病防控手册[M]. 湖南科学技术出版社，2014.

[7] 吴买生，武深树. 生猪标准化养殖作手册[M]. 湖南科学技术出版社，2017.

二、期刊类

[1] 刘卫峰，杨治冬. 法律法规修改后动物及动物产品补检的可行性思考[J]. 当代畜牧，2023(5)：144-145.

[2] 徐爱国. 公共卫生的立法规制[J]. 民主与科学，2023(3)：3-9.

[3] 刘常钰，向述贵. 家禽产地检疫中存在的问题及建议[J]. 四川畜牧兽医，2023，50(4)：17-18.

[4] 王雪平，于红鸽，王晓峰. 新修订《动物诊疗机构管理办法》的有关思考[J]. 中国动物保

健，2023，25(3)：131-132.

[5] 孙营，刘红星，孙革新. 养殖环节中的动物卫生监管工作探讨[J]. 吉林畜牧兽医，2023，44(3)：101-102.

[6] 王小风. 猪防疫检疫工作中存在的问题及解决措施[J]. 吉林畜牧兽医，2023，44(3)：137-138.

[7] 黄彭烨，夏连芳. 新修订的《动物防疫法》对当前动物卫生监督工作的几点思考[J]. 现代农业研究，2022，28(5)：148-150.

[8] 张楠. 浅析新动物防疫法变化及其意义[J]. 中国畜禽种业，2022，18(4)：55-56.

三、报纸类

[1] 陈奕樊，杨佳俊. 深化我省动物防疫制度性建设 提升人大街道工委依法履职效能[N]. 湖南日报，2023-09-23(3).

[2] 杨惠，王春植. 人才队伍年轻专业 畜禽防疫高效精准[N]. 农民日报，2023-03-20(6).

[3] 魏巍，张倩，刘一明. 动物防疫：从重点控制转向全面净化[N]. 农民日报，2023-03-20(6).

[4] 蒲晓磊. 增强畜牧业应对风险能力[N]. 法治日报，2021-07-13(5).

四、网址

[1] 新湖南. 省人大常委会召开新闻发布会解读动物防疫法实施办法、人大街道工委条例特色亮点[EB/OL]. (2023-09-23)[2023-10-16]. https：//www. hunantoday. cn/news/xhn/202309/18731947. html.

[2] 杨怡晴. 湖南省农业农村厅部署春季重大动物疫病和人畜共患病防控工作[EB/OL]. (2024-02-18)[2024-03-16]. https：//moment. rednet. cn/pc/content/646846/62/13577062. html.

[3] 吴公然，单琳琳. 深读丨湖南修订动物防疫法实施办法 强化公共卫生法治保障[EB/OL]. (2023-09-22)[2023-10-16]. https：//hn. rednet. cn/content/646743/66/13076780. html.

[4] 郑佳. 积极谋划 努力突破——湖南省动物疫苗信息化管理系统试运行[EB/OL].

(2021-02-01)[2023-10-16]. https://www.sohu.com/a/448097731_120055199.

[5] 曹仲辉. 湖南省卫生健康委健康教育宣传中心推出. 怎么预防狂犬病[EB/OL]. (2022-09-29)[2023-10-16]. https://wjw.hunan.gov.cn/wjw/xxgk/gzdt/szdt/202209/t20220929_29021110.html.

[6] 王城长. 湖南：家禽市场每半月至少休市 1 天[EB/OL]. (2013-05-14)[2023-10-17]. https://hn.rednet.cn/c/2013/05/14/3005152.htm.

[7] 陈月红，饶敏. 湖南首个病死动物无害化处理中心启用[EB/OL]. (2014-08-21)[2023-10-17]. https://hn.rednet.cn/c/2014/08/21/3444407.htm.

[8] 丁辰欢. 2023 年湖南省重大动物疫情应急演练在长举行[EB/OL]. (2023-10-27)[2023-10-30]. https://news.changsha.cn/cslb/html/111874/20231027/156564.shtml.

图书在版编目(CIP)数据

《湖南省实施〈中华人民共和国动物防疫法〉办法》解读 / 《湖南省实施〈中华人民共和国动物防疫法〉办法》解读编写组编. --长沙: 中南大学出版社, 2024.10.

ISBN 978-7-5487-5890-7

Ⅰ. D922.45

中国国家版本馆 CIP 数据核字第 2024497UM2 号

《湖南省实施〈中华人民共和国动物防疫法〉办法》解读

《HUNANSHENG SHISHI〈ZHONGHUARENMINGONGHEGUO DONGWU FANGYIFA〉BANFA》JIEDU

《湖南省实施〈中华人民共和国动物防疫法〉办法》解读编写组　编

□出 版 人　林绵优
□责任编辑　韩　雪
□责任印制　李月腾
□出版发行　中南大学出版社
　　　　　　社址: 长沙市麓山南路　　邮编: 410083
　　　　　　发行科电话: 0731-88876770　　传真: 0731-88710482
□印　　装　长沙印通印刷有限公司

□开　　本　710 mm×1000 mm 1/16　□印张 13.5　□字数 217 千字
□版　　次　2024 年 10 月第 1 版　□印次 2024 年 10 月第 1 次印刷
□书　　号　ISBN 978-7-5487-5890-7
□定　　价　68.00 元